重庆文化研究 王寅春

Chongqing Cultural Research | 蔡武 题

■ 重庆市文化和旅游研究院　编

西南大學出版社
SWUP 国家一级出版社 全国百佳图书出版单位

图书在版编目(CIP)数据

重庆文化研究. 壬寅春 / 重庆市文化和旅游研究院编. -- 重庆 : 西南大学出版社, 2022.4
ISBN 978-7-5697-1386-2

Ⅰ. ①重… Ⅱ. ①重… Ⅲ. ①地方文化—研究—重庆—2022 Ⅳ. ①K297.19

中国版本图书馆CIP数据核字(2022)第075775号

重庆文化研究·壬寅春

CHONGQING WENHUA YANJIU　REN-YIN CHUN

重庆市文化和旅游研究院　编

责任编辑:王玉竹
责任校对:李　君
书籍设计:杨　涵
排　　版:王　兴
出版发行:西南大学出版社(原西南师范大学出版社)
　　　　地址:重庆市北碚区天生路2号
　　　　邮编:400715
　　　　市场营销部电话:023-68868624
经　　销:新华书店
印　　刷:重庆紫石东南印务有限公司
幅面尺寸:210 mm×285 mm
印　　张:8.5
插　　页:8
字　　数:211千字
版　　次:2022年4月　第1版
印　　次:2022年4月　第1次印刷
书　　号:ISBN 978-7-5697-1386-2
定　　价:35.00元

全民传承非遗

非物质文化遗产（简称“非遗”）就在我们身边，就在我们的生产和生活中。人人都在创造非遗，人人都在享受非遗给生产生活带来的美好。其实，我们在创造非遗的过程中，在享受非遗的过程中，就在保护和传承非遗，我们已经在为弘扬中华优秀传统文化默默贡献着。

但是，主动的保护传承与自然的保护传承有着区别。如果说千百年来一些优秀的非遗仍然延绵不绝，那是因为它们具有强大的生命力，比如“二十四节气”“中国书法”“端午节”等。但是，仍有部分非遗，因其历史的原因、社会的原因以及受众群体不同的原因，渐渐地消失了，这是自然的现象，也是社会发展的必然。如宋曲只留下了宋词，元曲只留下了元曲词，竹枝调只留下了竹枝词。可以肯定地说，还有很多我们所不了解的非遗、鲜为人知的非遗，没有留下任何文字、图片、影像、民间口头传说，消失在历史的长河之中。

2021年8月，中共中央办公厅、国务院办公厅印发了《关于进一步加强非物质文化遗产保护工作的意见》（简称《意见》），这是我们今天主动保护和传承非遗的重大举措，是增强文化自觉的主动行为。主动保护就会让非遗得到更好的传承，就会让那些已经不适应社会发展的非遗项目延缓消失，就会让更多的非遗元素孕育出新的文化生命。即便是我们用尽力气都不能阻止它们的消失，那么可通过影像、文字、图片、数字技术等方法予以保存，让它们永远“存活着”，让它们永远成为我们的精神滋养。现在国家所采取的众多措施，包括“传承人记录工程”和正在试点的“非遗项目记录工程”就是最好的例证。

当然，主动性的保护绝不仅是政府部门的事，也不仅是一部分人的事，而是全民的事。只有全民的参与、全民的自觉，才是保护和传承非遗的最大动力，才是让非遗生生不息的活水源头。2021年5月，编者与同事到重庆的巫山县竹贤乡进行文化调研，无意中碰到了多位民间文化骨干，在我们的号召下，他们很快组织起文化活动，并且充分地表达了他们对文化的热情。这让我们兴奋，也让我们看到了文化动力之源。

在此书中我们编辑了《文化和旅游部负责同志就〈关于进一步加强非物质文化遗产保护工作的意见〉答记者问》，其目的是让读者了解《意见》的出台背景，了解中国政府多年来为保护和传承非遗所做的主要工作，了解当前和今后一个时期非遗保护的总体思路和工作措施。本来此文已经广为流传，但我们把它编辑在这里，旨在让人们加深对《意见》的理解。为了强化《意见》的地方性落实，我们编辑了《全面落实中办国办〈意见〉　提升重庆非物质文化遗产系统性保护水平》，其目的是引导更多的人民大众参与到非遗的保护、传承中来。

"非物质文化遗产是中华优秀传统文化的重要组成部分，是中华文明绵延传承的生动见证，是连结民族情感、维系国家统一的重要基础。保护好、传承好、利用好非物质文化遗产，对于延续历史文脉、坚定文化自信、推动文明交流互鉴、建设社会主义文化强国具有重要意义。"（《关于进一步加强非物质文化遗产保护工作的意见》）期待我们共同努力，期待在全社会形成全民保护传承非遗的浓厚氛围，为建设文化强国做出贡献！

编者

2022年4月24日

目 录

政策研究

文艺评论

基础研究

巴渝文化

人物风采

文化记忆

艺文空间

全面落实中办国办《意见》 提升重庆非物质文化遗产系统性保护水平

谭小兵
（重庆市文化和旅游研究院）

2021年8月12日，中共中央办公厅、国务院办公厅印发《关于进一步加强非物质文化遗产保护工作的意见》（以下简称《意见》）的通知，明确了当前和今后一段时期我国非物质文化遗产保护工作的指导思想、工作原则和主要目标。作为我国首次以"两办"名义印发的关于进一步加强非物质文化遗产保护工作的政策性、纲领性文件，《意见》充分体现了以习近平同志为核心的党中央对非物质文化遗产的高度重视，对非物质文化遗产保护工作寄予的殷切希望，是非物质文化遗产保护领域的一大喜讯。①

如何全面贯彻落实《意见》精神，努力推动、提升我市非物质文化遗产系统性保护水平，是我们当下乃至今后要长期研究的重要课题。为此，笔者结合我市非物质文化遗产保护工作的实际情况，谈谈一些观点。

一、遵循指导思想，确定工作方向

非物质文化遗产保护工作必须坚持以习近平新时代中国特色社会主义思想、习近平总书记关于弘扬中华优秀传统文化的重要论述作为根本遵循，坚持以社会主义核心价值观为引领，贯彻"保护为主、抢救第一、合理利用、传承发展"的工作方针。就重庆而言，需要紧紧围绕习近平总书记对重庆提出的"两点"定位、"两地""两高"目标、发挥"三个作用"的重要指示要求，统筹推进"五位一体"总体布局，协调推进"四个全面"战略布局，贯彻落实《中华人民共和国非物质文化遗产法》《重庆市非物质文化遗产条例》，深入实施非遗传承发展工程，紧紧抓住成渝地区双城经济圈建设的机遇，打造文化强市和国际知名旅游目的地，秉持见人见物见生活的理念，切实提升我市非遗系统性保护水平，不断增强优秀传统文化的生命力和影响力。

要提升我市非物质文化遗产系统性保护水平，就需要非遗保护工作者关注文化生态系统，着眼于代表性项目和代表性传承人。一是要建立完善的代表性项目和传承人保护传承体系。要对传承人群和项目代表性传承人进行系统的培训，切实增强传承人群的文化自信和可持续发展能力。二是

①引自《中国非物质文化遗产》2021年第5期编者按。

要建立富有活力的区域性整体保护体系。按照遗产丰富、氛围浓厚、特色鲜明、民众受益的建设目标，建好武陵山区（渝东南）土家族苗族国家级文化生态保护区；创建一批市级文化生态保护区。三是要建立科学严谨的记录体系。完成对国家级代表性传承人的记录工作，全面记录和整理他们掌握的独到技艺；启动对市级代表性传承人记录工作；指导区（县）对本级非遗代表性项目和代表性传承人开展记录。四是要建立大众喜爱的传播、传承、发展体系。尽快建好重庆非遗馆；打造一批非遗主题旅游路线；创建一批非遗示范性传承所（点）；打造一批非遗传播品牌，提升重庆非遗知名度和影响力，让我市非遗代表性项目得到有效保护，传承发展体系更加健全，创造创新活力进一步增强，非遗服务国家经济社会发展和国家重大战略的能力明显提高，人民群众对非遗及其保护的认同感、参与感、获得感显著增强，社会广泛参与非遗保护传承的生动局面基本形成。

二、遵循工作原则，明确工作路劲

非遗保护工作具有鲜明的意识形态属性，必须始终坚持马克思主义的立场、观点与方法，以社会主义核心价值观为引领，把社会效益放在首位，确保各项非遗保护工作符合国家的价值目标、社会的价值取向和公民的价值准则。因此，非遗保护工作的全过程必须遵循以下原则：一是要牢牢把握正确方向。深入挖掘并阐释非遗蕴含的思想理念、传统美德、人文精神，不断巩固人民群众对伟大祖国、中华民族、中华文化、中国共产党、中国特色社会主义的"五个认同"。二是要坚持以人民为中心。尊重人民作为创造者和拥有者的主体地位和创造性表达权利，推动非遗融入人民群众生产生活，让人民参与保护传承，让保护成果为人民共享，不断增强人民群众的认同感、参与感、获得感。三是要坚持系统性保护。围绕国家总体要求，统筹协调非遗保护传承与经济发展、城乡建设、社会治理、民生改善等的关系，主动服务和融入国家发展战略。坚持系统观念，全局性谋划非遗保护的各项政策措施，做好各项工作的衔接配合，促进非遗系统性保护。四是要坚持依法保护、科学管理。健全非遗保护法律法规体系，全面落实法定职责，增强全社会法治意识。树立非遗保护的整体观、实践观、历史观和发展观，精准施策，精确管理。五是要坚持与时俱进、守正创新。尊重非遗基本文化内涵，弘扬非遗当代价值，推动非遗在人民群众的当代实践中实现创造性转化、创新性发展，不断增强非遗的生命力和传承活力。

非遗保护工作目标确立了，在严格遵循工作原则的前提下，对标对表《意见》要求，我们就找到了工作路径，即：

（一）开展非遗调查记录和保存

一是开展全域非遗资源普查。第一次非遗资源普查已过10多年，随着城镇化进程的加快，我们需抓紧时间启动全市第二次非遗资源普查工作，全面摸清我市非遗资源的种类、数量、分布状况、生存环境、保护现状。同时，采取电子化方式开展普查登记，推进大数据在普查中的应用，提高普查数据采集处理效能。妥善保存普查数据、资料，加强普查成果的运用。二是开展非遗项目专项调查。加强重点区域、重点项目专项调查，为有针对性地开展非遗保护工作提供数据支撑，服务对接国家、全市规划安排。三是有序推进建立非遗记录体系。运用文字、图像、音频、视频等形式，启动对市级(含)以上非遗代表性项目和代表性传承人实施全面记录，引导区(县)对本级以上非遗代表性项目和代表性传承人实施重点记录。四是加强非遗档案和数据库建设。一方面，按照国家制定的非遗档案以及数据库建设标准和规范，完善非遗档案制度。亟须对非遗有关文字、图片、音频、视频以及实物资料进行搜集、整理和数字化处理，充分运用非遗调查记录成果，完善非遗档案和数据库体系。另一方面，加强全市非遗资源整合共享，构建开放、共享的公共数字平台，推进非遗档案和数据资源的社会利用。

(二)完善非遗代表性项目制度

一是强化三级名录体系建设与管理。扎实做好非遗保护基础性工作，推进国家级、市级、区(县)级三级非遗代表性项目名录体系建设，健全以区(县)级名录为基础，市级名录为主体，国家级名录为引领的名录体系。特别是在我市国家级非遗代表性项目总量有所突破上重点着力，对现有的707个市级非遗代表性项目进行有效保护和科学管理。二是开展市级以上代表性项目保护绩效评估。尽快建立代表性项目保护动态督查评估机制，系统梳理我市现有的各级代表性项目，对代表性项目保护情况实行动态监测与评估，探索建立代表性项目保护预警机制。三是明晰保护单位职责。全面推进代表性项目、代表性传承人、文化空间“三位一体”的系统性保护体系建设，在制定代表性项目保护工作基本规范上着力，明晰保护责任单位的工作职责，对各级代表性项目保护单位进行常态化指导与督查，建立保护单位退出机制。

(三)完善非遗代表性传承人制度

一是加强各级非遗代表性传承人的认定和管理。全面开展代表性传承人绩效考评，完善代表性传承人退出机制。逐步提升市级代表性传承人传承补助标准，全面建立区(县)级代表性传承人传承补助制度。二是亟待启动认定非遗代表性传承团体(群体)工作。对于集体传承、大众实践的项目，探索开展非遗代表性传承团体(群体)认定工作。三是不断壮大非遗传承队伍。把非遗传承人群研培计划，与促进就业和创业相结合，探索建立对学艺者的助学、奖励机制，培养更多的后继人才，不断壮大非遗传承队伍。

(四)注重非遗区域性整体保护

一是以文化生态保护区建设为抓手，推动非遗区域性整体保护，早日出台重庆市文化生态保护区相关管理制度。二是试点开展“非遗在社区”工作。随着城镇化进程的加快，需要在城市社区培育孕育发展非遗的土壤，开展“非遗在社区”工作。在非遗保护氛围浓厚、工作机制健全、保障工作到位的社区，创建“非遗在社区”示范点。三是全面推进传统村落非遗保护。启动对全市中国传统村落非遗资源梳理统计工作，推动每个有中国传统村落的区（县）形成各自的传统村落非遗资源清单。合理利用传统建筑营造技艺，保持传统建筑风貌和格局，在空间环境营造中突出非遗特点。加强当地村民及其生活方式的保护和延续，培育和扩大非遗传承人群，促进民俗、村规民约的传承与发展。四是建设非遗特色村镇、街区。将非遗保护传承与乡村振兴、农耕文化建设、城市建设相结合，在经费、政策等方面对非遗特色村镇、街区予以一定程度的倾斜。在非遗资源丰富、保护传承有力、民众积极参与的地区，推动建设非遗特色村镇、街区。

（五）对接国家规划，服务经济社会可持续发展

一是要积极融入国家、重庆发展规划。特别是要把非遗保护工作融入长江经济带发展、长征国家文化公园、成渝地区双城经济圈建设等国家发展规划之中。在长征国家文化公园建设中，凸显非遗元素，彰显非遗元素中的红色文化，强化保护传承。推动重庆区域非遗保护融入长江国家文化公园、成渝地区双城经济圈建设之中，提高区域性整体保护水平。二是推进非遗保护与乡村振兴相融合。充分利用乡村自然环境、田园风光、农家生活等资源条件，以非遗项目资源为抓手，以非遗工坊建设为着力点，并逐步建立稳定、长效的非遗工坊建设和运行机制，持续扩大覆盖范围和覆盖人群，提升文化资源价值，将非遗资源转换成特色产业，实现创造性转化、创新性发展，推动非遗助力乡村振兴工作，促进非遗保护传承在经济社会可持续发展中发挥更大作用。三是深度推进非遗保护传承与旅游、产业相融合。一方面，充分利用“互联网+”等，从市场需求出发进行创意设计，引导非遗产品与现代时尚元素、现代生活需求相结合，既开发彰显巴渝文化特色，参与性、体验性强，品种多样的文化旅游产品，又开发与演艺、旅游及娱乐等相关产业相结合的特色文化旅游产品。在旅游线路、景区增设非遗项目活态展示区、体验馆等，丰富传统旅游产品的文化内涵。另一方面，推进非遗合理利用与产业相融合。引导支持非遗衍生产品项目入驻文化产业园区，全方位布局非遗创意产业，培育一批特色产业、一批龙头企业，构建非遗产业链，助推形成一批知名品牌，初步形成非遗和产业融合发展新格局。四是推进非遗保护与“巴蜀文化旅游走廊”相融合。用好川渝非遗保护协调机制，培育成渝非遗旅游品牌，着力打造成渝非遗旅游精品线路，助推非遗保护与“巴蜀文化旅游走廊”相融合。积极整合成渝两地非遗特色文化旅游资源，差异打造，优势互补，市场共享，共同开发并推出有特色、有市场竞争力的川渝两地“一程多站”非遗旅游线路。以非遗资源为抓手，全面融入“巴蜀文脉”人文旅游、“巴蜀风韵”民俗旅游、“巴山蜀水”生态康养、“巴蜀乡愁”乡村旅游、“创意巴蜀”文旅等十大巴蜀特色优势产业集群。

（六）加大非遗传播普及力度

一是加快非遗基础设施建设。推进“重庆非物质文化遗产馆”相关建设工作，将其作为我市乃至西南地区非遗研究、收藏、利用、展示、科普、教育、培训、交流、传播等的重要平台，打造成为国内一流的非遗展示交流传播基地。规划筹建“武陵山区(渝东南)土家族苗族国家级文化生态保护区非遗展示馆”。积极规划建设各区(县)非遗专题馆,建设一批展示重庆非遗的窗口。组织传承人、民间艺术表演队伍积极参与国内外文化交流活动。二是推出系列非遗融合展示平台。整合全市非遗资源,探索打造“非遗+影视”“非遗+动漫”“非遗+旅游”等多业态跨界融合项目。引导非遗特色手工艺品企业入驻电子商务平台,拓宽销售渠道,开展网络贸易。探索省际合作和国际民间文化交流合作模式,力争将我市非遗保护实践纳入亚太地区非遗培训体系。三是推动非遗融入国民教育体系。联合相关部门,集聚有关专业人才,编写“非遗”普及性读本。支持高等院校开办非遗相关专业或课程,为非遗的传承、创新、研究和管理提供人才保障。鼓励中小学因地制宜编写乡土教材、文化读本,并将中小学纳入创建市级、区(县)级非遗传承教育基地范畴。通过邀请非遗专家及学者讲授非遗相关知识,组织非遗代表性传承人进校园展示展演、技艺传授,举办非遗成果展览等方式,将“非遗进校园”活动常态化,打造“非遗进校园”特色品牌。四是举办以非遗为主题的系列宣传展示活动。依托国家法定节日,策划和组织以相关节日为主题的非遗专题宣传展示、展演系列活动。组织传承人、民间艺术表演队伍参与国内外文化交流活动。在尊重民间信仰和非遗内涵的基础上,重点选择1至2个代表性的民俗节庆活动,培育成国内国际知名的重庆原生态民族节庆品牌。重点打造“重庆市非遗博览会”品牌活动,把“博览会”办成知名度高、影响力大,特色化、市场化的非遗展销品牌活动。五是支持行业协会等社会组织以及全体民众广泛参与非遗保护与传播,提升全社会对于非遗保护工作的认知水平,从而积极支持非遗保护工作。

(七)加强非遗理论与利用研究

一是加强对非遗的认定、保护、利用、传播研究。鼓励和支持更多专家、学者对我市非遗保护发展研究、探索和指导,为科学保护我市非遗提供决策参考和智力支持。鼓励和支持民间及社会力量开展非遗保护利用和传承发展研究。二是健全非遗研究体系。综合发挥市文化和旅游研究院、市非遗保护中心等相关文化研究机构作用,完善以高等院校和科研院所为主、社会学术力量广泛参与的非遗保护与发展理论研究队伍。三是推出市级非遗系列研究成果。推出重庆非遗论文、课题、专著和系列丛书;编辑出版一批国家级、市级非遗代表性项目的民间文学、传统音乐、传统舞蹈、传统戏剧、曲艺、传统体育、游艺与杂技、传统美术、传统技艺、传统医药、民俗等方面的书籍,以及非遗代表性项目的口述史、调查报告、田野笔记、研究论著等。

三、遵循工作规律,确保政策落地

非遗保护工作成效取决于各级党委、政府的重视程度,取决于政策措施是否落实落地,取决于相关单位的责任担当。为此,建议:

一是积极推动各级党委和政府把非遗保护工作纳入本地区经济社会发展总体规划和考核评价体系。健全非遗保护工作联席会议制度。把非遗保护与发展主要指标列入领导干部工作实绩考核内容。尽快完善市、区(县)非遗保护工作机构设置,确保有人员专门从事非遗保护工作,推动完善非遗保护专业技术职称评审制度,并充分发挥高校、科研机构、行业协会专家学者的作用,建立非遗保护的专家咨询机制。对在非遗保护中做出突出贡献的组织和个人,按照国家有关规定予以表彰、奖励。二是推动出台、修订相关法律法规,进一步完善非遗保护法律法规体系。研究修订《重庆市非物质文化遗产条例》,尽快制定《重庆市非物质文化遗产保护管理办法》《重庆市非物质文化遗产传承人群研培计划》《重庆市非物质文化遗产代表性项目管理办法》《重庆市非物质文化遗产保护专项资金使用管理办法》《重庆市传统工艺振兴计划》《武陵山区(渝东南)土家族苗族文化生态保护实验区管理(暂行)办法》《重庆市传统医药类非物质文化遗产传承发展计划》。加强非遗知识产权保护,综合运用著作权、商标权、专利权、地理标志等多种手段,建立非遗获取和惠益分享保护制度。三是市级财政应根据非遗保护工作的实际情况,加大非遗保护投入,各区(县)应建立本级非遗保护发展专项资金,并纳入年度财政预算。近年来,我市市级财政非遗保护投入在全国横向比较是相对靠后的,这和直辖市,以及亟须保护的非遗资源是不相称的。同时,非遗保护所需投入还需要综合运用公益性项目财政补助、信贷支持、政府购买服务、公募基金会等政策,用足用好成渝地区双城经济圈建设、巴蜀文化旅游走廊建设、支持文化产业发展等税收优惠政策,降低非遗生产性保护项目的投入风险,来吸引更多社会资本投入非遗保护。

文化和旅游部负责同志就《关于进一步加强非物质文化遗产保护工作的意见》答记者问

时间：2021年8月13日 15:00—16:00

主题嘉宾：文化和旅游部负责同志

编者按：

2021年8月12日，中共中央办公厅、国务院办公厅印发《关于进一步加强非物质文化遗产保护工作的意见》(以下简称《意见》)。文化和旅游部负责同志就学习贯彻《意见》有关问题回答了记者提问。

记者：请介绍一下《意见》出台的背景和意义。

文化和旅游部负责同志：党的十八大以来，以习近平同志为核心的党中央高度重视非物质文化遗产保护工作。习近平总书记多次对非物质文化遗产保护做出重要指示批示，强调党中央支持扶持非物质文化遗产，要着力培养好传承人，一代代接下来、传下去，让非物质文化遗产绽放出更加迷人的光彩。《中华人民共和国国民经济和社会发展第十四个五年规划和2035年远景目标纲要》提出，深入实施中华优秀传统文化传承发展工程，强化重要文化和自然遗产、非物质文化遗产系统性保护，推动中华优秀传统文化创造性转化、创新性发展；健全非物质文化遗产保护传承体系，加强各民族优秀传统手工艺保护和传承。

文化和旅游部负责同志：近年来，文化和旅游部坚持以习近平新时代中国特色社会主义思想为指导，认真贯彻党中央、国务院决策部署，大力实施非物质文化遗产传承发展工程，我国非物质文化遗产保护工作取得显著成绩，一批珍贵、濒危和具有重要价值的非物质文化遗产得到有效保护，社会广泛参与、人人保护传承的生动局面初步形成，非物质文化遗产在展示中华文化独特魅力、促进经济社会高质量发展等方面发挥着越来越重要的作用。但与此同时，在工业化、城镇化背景下，非物质文化遗产保护仍然面临诸多挑战，一些项目的传承存在困难，依然存在后继乏人的问题，保护工作基础相对薄弱，政策保障力度和机构队伍建设亟待加强。我国非物质文化遗产保护和利用的整体水平与具有悠久历史、灿烂文化的文明古国的地位还不相称，与满足人民日益增长的美好生活需要、建成社会主义文化强国的目标还有短板、差距，有必要进一步加强非物质文化遗产保护顶层制度设计。

文化和旅游部负责同志：《意见》全面贯彻以习近平同志为核心的党中央关于非物质文化遗产保护的决策部署，准确把握新时代非物质文化遗产保护的历史方位和重大意义，充分吸纳和体现近年来非物质文化遗产保护形成的一系列行之有效的经验和做法，从坚定文化自信、实现中华民族伟大复兴中国梦的全局和战略高度，明确提出当前和今后一段时期非物质文化遗产保护的总体目标和主要任务，是做好新时代非物质文化遗产保护工作的纲领性文件。《意见》的出台，对于传承、弘扬中华优秀传统文化，建设社会主义文化强国具有重要意义。

记者：《意见》对做好新时代非物质文化遗产保护工作提出了哪些基本要求？

文化和旅游部负责同志：非物质文化遗产保护工作具有鲜明的意识形态属性。做好新时代非物质文化遗产保护工作，必须坚持把马克思主义基本原理同中国具体实际相结合、同中华优秀传统文化相结合，牢牢把握正确方向，以社会主义核心价值观为引领，把社会效益放在首位，确保非物质文化遗产各项工作符合国家的价值目标、社会的价值取向和公民的价值准则，保持非物质文化遗产工作正确方向。

文化和旅游部负责同志：《意见》强调，要坚持党对非物质文化遗产保护工作的领导，巩固党委领导、政府负责、部门协同、社会参与的工作格局，支持、引导和规范社会力量参与非物质文化遗产保护工作，形成有利于保护传承的体制机制和社会环境。要坚持铸牢中华民族共同体意识，引导人们树立正确的祖国观、民族观、文化观、历史观，不断巩固各族人民对伟大祖国、中华民族、中华文化、中国共产党、中国特色社会主义的认同。要坚持以人民为中心，积极回应社会各界关切，着力解决人民群众普遍关心的突出问题，推动非物质文化遗产融入人民群众生产生活，不断增强人民群众的参与感、获得感、认同感。要坚持依法保护，广泛深入开展普法教育，全面落实法定职责，健全法律法规体系，加强执法监督检查。要坚持守正创新，坚守中华文化立场、传承中华文化基因，尊重非物质文化遗产基本内涵，弘扬非物质文化遗产当代价值，推动非物质文化遗产实现创造性转化、创新性发展。

记者：怎样理解和落实《意见》提出的“切实提升非物质文化遗产系统性保护水平”？

文化和旅游部负责同志：经过10多年来的不断探索实践，我国非物质文化遗产保护工作进入了系统性保护的新阶段。坚持系统观念，加强前瞻性思考、全局性谋划、战略性布局、整体性推进，把来自人民、传承于人民的非物质文化遗产保护好、传承好、利用好，是非物质文化遗产保护工作进入新发展阶段的现实需要，是贯彻新发展理念和构建新发展格局的必然要求。必须强化非物质文化遗产系统性保护，坚持固根基、扬优势、补短板、强弱项，加强各地各部门之间的协作配合，不断完善基础工作制度，自觉将非物质文化遗产保护工作纳入党和国家事业发展大局，全局性统筹谋划各项政策措施，增强非物质文化遗产保护工作的系统性、整体性、协同性，加快建设与我国深厚文化底蕴和丰富文化资源相匹配、与中国特色社会主义事业总体布局和战略布局相适应、与社会主义文化强国相承接的非物质文化遗产保护传承体系。

文化和旅游部负责同志：《意见》强调，各级党委和政府要把非物质文化遗产保护工作纳入经济社会发展相关规划，纳入考核评价体系。健全非物质文化遗产保护工作联席会议制度。要健全非物质文化遗产保护传承体系，完善调查记录体系、代表性项目制度、代表性传承人制度、区域性整体保护制度、传承体验设施体系和理论研究体系。要提高非物质文化遗产保护传承水平，加强分类保护，融入国家重大战略，促进合理利用，加强革命老区、民族地区、边疆地区、脱贫地区非物质文化遗产保护传承。要加大非物质文化遗产传播普及力度，促进广泛传播，融入国民教育体系，加强对外和对港澳台交流合作。

记者：在非物质文化遗产服务经济社会可持续发展方面，《意见》有哪些安排部署？

文化和旅游部负责同志：非物质文化遗产源自人民群众的生产生活实践，是满足人民精神文化生活需要、增进民生福祉的重要内容，是推动经济社会高质量发展的重要动能。在实现“第二个一百年”奋斗目标中，必须努力增强非物质文化遗产作为战略性资源的重要性，持续推动非物质文化遗产融入现代生活，主动融入和服务国家战略，切实发挥非物质文化遗产在促进经济发展、城乡建设、社会治理、民生改善等方面的积极作用，为全面建设社会主义现代化国家提供精神力量。

文化和旅游部负责同志：《意见》提出，要加强国家重大战略中的非物质文化遗产保护传承，建立区域保护协同机制，加强专题研究，举办品牌活动。要在雄安新区、北京城市副中心以及国家文化公园建设中，加强非物质文化遗产保护传承。要在实施乡村振兴战略和新型城镇化建设中，发挥非物质文化遗产服务基层社会治理的作用，加大脱贫地区非物质文化遗产保护的专业支持，切实做好巩固拓展脱贫攻坚成果同乡村振兴有效衔接。要坚持以铸牢中华民族共同体意识为主线，促进各民族非物质文化遗产保护传承，树立和突出各民族共享的中华文化符号和中华民族形象。要积极推动内地和港澳、大陆和台湾地区的交流合作，充分发挥非物质文化遗产在增进文化认同、维系国家统一中的独特作用。要坚持以文塑旅、以旅彰文，在有效保护前提下，推动非物质文化遗产与旅游融合发展、高质量发展。

记者：国家“十四五”规划提出，建设30个国家级文化生态保护区、20个国家级非物质文化遗产馆。《意见》从哪些方面进行了衔接？

文化和旅游部负责同志：设立文化生态保护区，是我国独具特色的非物质文化遗产保护制度。目前，我国已设立了23个国家级文化生态保护（实验）区，对非物质文化遗产及其得以孕育、发展的文化和自然生态环境进行整体保护。《意见》对接国家“十四五”规划和2035年远景目标纲要重大决策部署，明确要继续推进文化生态保护区建设，落实有关地方政府主体责任。促进文化生态保护区建设与国家文化公园建设有效衔接，提高区域性整体保护水平。此外，为积极应对城镇化发展对非物质文化遗产保护带来的挑战，涵养文化生态，培育孕育非物质文化遗产生长的土壤，《意见》还提出要将非物质文化遗产保护与村落保护、城市建设相结合，建设非物质文化遗产特色村镇、街区，全面推进“非遗在社区”工作。

文化和旅游部负责同志：非物质文化遗产传承体验设施是传承和传播非物质文化遗产的重要阵地。目前，中央预算内投资已安排经费约14亿元，支持各地建设了190个非物质文化遗产保护利用设施，在传承弘扬中华优秀传统文化的同时，有力带动了当地经济发展，有效促进了当地居民就业，取得了较好的效果。但在建设过程中，还存在着建设管理制度不够健全、设施类型和功能比较单一、社会资金参与不够等问题。为此，《意见》对非物质文化遗产传承体验设施的建设类型、主要功能等做出规范，提出要形成包括非物质文化遗产馆、传承体验中心（所、点）等在内，集传承、体验、教育、培训、旅游等功能于一体的传承体验设施体系。鼓励社会力量兴办传承体验设施。研究完善非物质文化遗产馆管理制度，建立非物质文化遗产馆备案和评估定级制度。

记者：在加强非物质文化遗产保护机构队伍建设方面，《意见》有哪些具体举措？

文化和旅游部负责同志：我国非物质文化遗产保护是新兴文化事业，总体上底子薄、基础差，特别是机构队伍建设亟待加强。近年来，在党中央的高度重视和有关部门的支持下，地方非物质文化遗产保护机构建设扎实推进，全国已有29个省（区、市）在文化和旅游厅（局）成立了非物质文化遗产处，31个省（区、市）均设立了省级非物质文化遗产保护中心，全国共建立非物质文化遗产工作机构2400多个、工作人员达1.7万余人，为非物质文化遗产保护工作开展打下了良好的基础。但在市、县层面，由于大部分地区都缺少专门的非物质文化遗产保护机构，很多人员都是兼职从事这项工作，现有机构和人员队伍与日益繁重的保护任务不相适应，基层的一些传承实践活动也缺乏有效的引导和管理，制约了基层非物质文化遗产保护工作有效开展。

文化和旅游部负责同志：为此，《意见》明确要求各级党委和政府要依法明确非物质文化遗产管理职能部门，统筹使用编制资源，使非物质文化遗产保护工作力量与其承担的职责和任务相适应。同时，《意见》还从人才队伍能力提升、干部教育培训、职称评审、智库建设、表彰奖励等方面，为非物质文化遗产保护机构队伍建设提供了政策保障。

（转自文化和旅游部网站）

重庆文化旅游研究系列评论

——2021重庆青年戏剧专题

编者按：

2022年已经开启，重庆青年戏剧正在艰难而努力地走向新的一年。在过去的2021年里，新冠肺炎疫情给“聚集性演出”等艺术活动造成了很大不利影响。然而，青年朋友们并没有停止写作、排演、制作，并随时准备着，以最大的热情捧着作品站上舞台，与观众见面。我们的五篇评论，分别讨论了话剧《梦乡村》、音乐剧《破晓之前》、话剧《吉可，回家吧！》、新编石柱土戏《秦良玉和马千乘》和木洞山歌剧《爷爷的山歌》的创作和呈现情况，有总结，有鼓励，也有批评和建议。祝福朋友们，2022继续前行。向所有奋斗中的青年朋友致敬，向梦想致敬！

唐元玲（成都市文化馆）：

时代号角下的梦里乡村

——方言话剧《梦乡村》的创作表达与艺术呈现

中国乡村，一片承载着梦想与希望的田野，是脱贫攻坚战场的第一线，也是实现中华民族伟大复兴的中国梦最广泛、最坚实的基础。随着乡村振兴大幕的拉开，乡村成为艺术家们情之所系的创作热土。方言话剧《梦乡村》正是在“乡村振兴”号角的指引下，聚焦普通农村老百姓的生存境遇，通过鲜活的乡村图景，塑造了一批有血有肉的村民群像，也展现出奋斗在脱贫攻坚一线的共产党人的智慧与奉献精神，闪烁着时代的光芒。

《梦乡村》讲述了城里干部龚秀华回到老家凉风村当驻村第一书记，带领村民们通过养鱼、修建农家乐脱贫致富的故事。剧本的第一幕，以一个闹剧场景展开，村民犹光明追着自己的儿子犹小峰喊打强盗，结果犹小峰和回来参加扶贫工作的干部龚秀华撞个正着，自然而然地引出主要人物，也通过这样一个小场景，折射出以犹光明为代表的一些村民落后、守旧的思想，与渴望外出求学的犹小峰产生了第一场戏剧冲突；第二幕，召开村民大会，龚秀华提议要在村里创办小微企业，搞农家乐和土地流转，却遭到了各有利益算盘的村民们的质疑，犹光明的保守、周玉梅的泼辣、田文兰的算计、二狗的懒惰油滑，人物性格都在这一幕表现得淋漓尽致；第三幕，龚秀华与初恋犹光明的沟通并不顺畅，剧情进入一个黏着状态；第四幕，龚秀华奔走于村民之间，动之以情，晓知之理做村民的思想工作；第五幕，村里遭遇洪水，村里的投资和村民的财产都遭受了损失，龚秀华挺身而出，主动承担责任，带领乡亲们战胜困难，也与犹光明的母亲达成和解；第六幕，龚秀华不负使命，在众人齐心努力下，梦乡村终于落成，成为千千万万个乡村脱贫致富的一个缩影。

《梦乡村》剧照（1）

《梦乡村》的发生地凉风村，是典型的“煤枯而衰”的小乡村，以牺牲生态环境为代价的发展模式随着资源的枯竭难以为继，沦为国家级贫困村。在这样一个典型的环境下，作者遵循着现实主义的创作法则，从巴山蜀水汲取丰沛的创作营养，以农民视野和幽默精神，将发生在一个小山村的故事叙述得绘声绘色，将典型人物龚秀华这名基层共产党员的形象刻画得符合情境，也为观众们呈现出特定时代背景下特定生活场景中一群具有代表性人物的生活状态和性格色彩。

龚秀华作为凉风村走出去的大学生，成为一名干部后，秉持着共产党员“不忘初心，牢记使命”的信念，回到家乡做扶贫工作。凉风村不但有她故土的记忆，滋养她的山水，熟悉的父老乡亲，甚至还有她的初恋情人犹光明，这让她的回归变得更富有情感上的联系，也赋予她更多的责任。这一设立，让人物和情境都变得自然合理。剧情中，作者并没有事无巨细地将过多笔墨放在描述龚秀华的奉献上，而是在第五幕中，村里遭遇水灾，龚秀华为救犹母被洪水卷走，同时，面对村民们的焦虑与不满，通过周玉梅的话将龚秀华为乡亲们付出的牺牲和努力公之于众。作者以这种艺术处理方式避开正面赞誉，让旁观者做出评价，使得人物更有说服力。龚秀华这一艺术形象，既有她个人心理与情感的个性，又体现着一名共产党员在肩负使命时勇于奉献和担当的共性，她以她的平凡和韧性，成为千万奋斗在基层的共产党员的写照。

从第一幕到第六幕，在一幕幕人与人、人与环境、人与自我冲突中展开的，不仅仅是凉风村经济、生活的进步，更是一次新时代中国农民心灵与精神的蜕变。二狗、犹光明、田文兰是三个塑造得特别出彩的角色，他们身上，小农经济环境下村民的固执保守、贪图便宜、精于算计、愚昧狭隘等性格被刻画得入木三分。但是随着戏剧事件的推进，生存境遇的改变，他们的精神也完成了一次时代的跃迁。游手好闲，满脑子等政府救济的二狗危难中救出了龚秀华，并一改好吃懒做的坏习惯；意气消沉的犹光明重整旗鼓；斤斤计较的田文兰也终于放下小算盘；当年逃跑外出上学的犹小峰大学毕业后回到家乡支援建设。

乡村振兴的本质，是人的进步与发展，这群村民的性格特征，是时代发展进步下中国农民理应具有的新的精神格局。守旧、落后、闭塞的乡村要全面实现经济、社会、文化、教育的进步与振兴，时代的激荡和奋进的步伐终究要成为千千万万个“凉风村”的注脚。村民的人生命运在变，他们的精神世界也得以提升。他们身上闪耀着忠厚、淳朴、善良的人性之光，也有着小农经济环境下的愚昧和狭隘，在新的历史情境下，感召于无数个像龚秀华这样奋斗在基层的共产党员，感召于党和政府传递而来的关怀与伟力，这群村民身上已经具备了更笃定、乐观与自信的风采。

《梦乡村》剧照（2）

近几年方言话剧的重新勃兴，意味着地域文化想要在中华民族文化共同体的语境中突显出自己的特色，并得到社会的回应。一部优秀的方言话剧作品不仅能展现出特定的语言魅力，同时还包含着浓烈的文化信息和地域心理特征。很多创作者有意识地从本土方言中撷取、提炼鲜活而富有表现力的语汇进入剧本中，自觉地将本地区优秀传统文化的传承和发展，文化精神的凝聚以及文化自信的表达作为他们的一种社会历史责任。

《梦乡村》是一部方言话剧。巴山灵韵、蜀水风物滋养着创作者：重庆方言里的那些歇后语、俏皮话，创作者信手拈来；重庆人骨子里的那种生动、热辣和灵气，通过这些诙谐幽默、抑扬顿挫的地方方言，被展现得淋漓尽致，也为人物性格刻画增添了浓墨重彩的色调，营造出浓郁的生活气息和浓烈的地域特色。比如二狗和犹光明的这段对话：

犹光明（鄙视）：不要钱的东西吃多了，脑壳才要长脓包。

二　狗：你全身才要长脓包，（蔑视）我看你才是打肿脸充胖子。

犹光明（恼怒）：你！二狗，不是过年过节的，今天不把你娃儿捶一顿，我就不姓犹。

二　狗：还姓犹？锅里面油水都没得，你还好意思在这里装正神。

剧中人物的对话都十分简短，犹光明的傲气与怒气，二狗的死皮赖脸与油腔滑调，都在这三言两语中被勾勒得栩栩如生，充分显示出作者深厚的语言功力。剧中大量的歇后语和俗语，比如“猪尿包打人——不痛胀人”“二狗是癞蛇宝打呵嗨——好大的口气”“癞子的脑壳——没发（法）”“刷子无毛板眼多”“鸭子死了嘴壳子硬”等，尽显其诙谐、接地气的本色，更容易感染观众，这种语言的张力构建了艺术的张力，呈现出浓厚的地域文化魅力。

又比如这段：

犹光明：啥子是煨起！

二　狗：我没乱说嘛！还发补助给大家煨脚。

龚秀华：不是煨脚，也不是煨汤，是微型企业，就是嘿小的企业。

没文化的犹光明和二狗把“微企”理解成“煨起”，龚秀华则把微企解释为“嘿小的企业”，这种谐音的运用，本土化的转换既能让观众会心一笑，又极富艺术表现的张力与生活的柔性，更容易打动台下观众，激发观众们文化与生活上的亲切感。正所谓“言为心声”，强调的是语言和人物不可分割，人物的语言和对话，带着点儿狡黠和幽默，却又是朴素的、生活的，没有文人士大夫的咬文嚼字，也没有迎合时代的官腔，反而体现了地方特色和地域风骨，可以更好地表达人物性格，也让作品充溢着触手可碰的生活质感。

《梦乡村》剧照（3）

一般而言，主旋律剧的功能有两方面，一方面承载与传达主流意识形态，完成对民众意识形态的构建；另一方面，通过剧作的艺术感染力和人物性格塑造表达审美取向，宣传积极健康的精神思想，以达到艺术的社会教化目的。《梦乡村》虽然是一部弘扬主旋律的作品，但没有流于喋喋不休的居高临下式的说教，也没有对“龚秀华”这一人物进行“高大全”的形象定位，而是用克己奉献的伦理精神与平等沟通的民主态度，来影响叙事结构中对立力量的对比，通过感化来争取冲突各方的理解和支持。正是由于共产党员龚秀华对自己的严格要求，以身作则，发挥好榜样与引领者的作用，并建立了与人民群众的深厚感情，加强了与老百姓的心理联系，才有效地推动了国家政策、方针的执行，产生了广泛的凝聚力和打动人心的力量。

可以说，《梦乡村》是由感性魅力与现实关怀交融而奏响的一曲乡村梦想的美丽之歌。宏大、冷静的政治诉求被揉进充满张力和生活气息的语言里，以亲民的姿态赢得观众对党和国家方针、政策的理解和认同，指引他们以奋进的姿态积极投身于乡村振兴建设与实现“两个一百年”奋斗目标的伟大征程。

作品从2018年开始创作到2021年完成四年间八易其稿，经过精心的打磨，最终呈现在村镇、社区的各个舞台上，深受群众欢迎，给老百姓演了一场自己身边的戏。当然，《梦乡村》也不是尽善尽美，在结构处理上，第四幕与第五幕、第五幕与第六幕之间，缺乏对事件进展和人物性格转变有力的细节支撑，影响了艺术结构的整一性。作为典型人物的龚秀华在性格塑造上少了复杂鲜明的个性色彩，在冲突设计上还缺乏一个有震撼力、能统领全局的戏剧高潮，但瑕不掩瑜，《梦乡村》仍不失为主旋律题材下充满人文关怀与现实关照的优秀作品。

第一作者杨东是中国曲艺家协会会员、重庆曲艺家协会副主席、重庆戏剧家协会会员，师承著名评书表演艺术家、国家一级演员吴文先生，学习语言表演艺术，他自己本来就是一名舞台艺术表演者，并且有着长期在基层工作的经历。第二作者毛迪，毕业于中国戏曲学院，在重庆市艺术创作中心从事专业创作，有着扎实的戏剧理论功底。《梦乡村》是作者们植根于自己“原乡经验”和创作认知而浇灌出的一朵艺术之花，作品中融入了梦想的烛光与切实的人生体验，体现出他们心系时代使命，参与文化表达的创作旨向，也是中国广大文艺工作者意识深处的家国情怀与文化寻根冲动的一种彰显。

《梦乡村》在乡镇文化广场演出

李骥、彭可（重庆移通学院电影评论中心）：

红色叙事的年轻化表达与音乐剧的本土化探索

——评重庆移通学院大学生音乐剧《破晓之前》

在庆祝党的百年华诞之际，艺术界迎来主旋律作品创作的高峰，从影视剧到舞台剧，各个艺术领域都有一大批献礼题材的作品涌现。这既是社会主义文艺创作的自身特点，也是国家和社会在通过艺术作品表达着属于这个时代的声音。然而，每个时代的艺术创作都必然带有属于自己时代的特点，在当今这个“95后”“00后”已经成长为文化消费市场主体的时代，怎样通过富有当代文化特点的主旋律作品发出我们时代的声音，这是摆在青年一代创作者面前的课题。而作为素质教育的有效手段，音乐剧尤其是原创音乐剧创作，近年来正逐步成为许多高校在培养学生艺术素养和综合素质上的重要选择。随着一批大学生原创音乐剧作品的诞生和各个级别大学生音乐剧大赛的举办，高校音乐剧文化正在兴起。于是，通过原创音乐剧的形式，利用大学生群体喜闻乐见的艺术载体讲述主旋律故事，将青年文化与红色文化有机融合，就成了发出时代声音的合理选择。

一、红色叙事的年轻化表达

当重庆移通学院大型原创红色音乐剧《破晓之前》拉开帷幕，展现在观众面前的是一幅富有时代特点的画面。一群当代大学生带着对革命先烈的崇敬，以一曲《疑问》开始了这部大型音乐剧："我们身处盛世年华，为什么还要去学习革命先烈？他们面对死亡难道不害怕吗？"这些问题既唱出了青年一代的内心，也提出了这部剧的核心问题：先烈们的奉献和牺牲对我们年轻一代到底意味着什么？

《破晓之前》以重庆合川籍革命烈士左绍英的事迹为蓝本，以主人公动人的感情线索串起一段传奇的革命故事。以青年的视角和青年的情感切入到对历史的讲述之中，以坦诚和真挚的姿态贴近当代青年的内心，激发青年观众的同理心，为整个故事的铺陈和主题的升华打下了坚实的基础。故事融入谍战、悬疑等更具时代感的叙事元素，剧情跌宕、节奏紧凑，以一种更加传奇化的叙事策略赢得了青年观众的心。

《破晓之前》剧照（1）

在年轻化的故事情节之外，舞美造型、歌舞编排以及光影效果的运用也都体现出创作团队以年轻化叙事策略打造该剧的用心。主人公左绍英被国民党反动派鞭打的一场戏，布满舞台的血红色灯光仿佛把观众带到那惨烈的现场，强烈的视觉冲击带来的是对青年观众灵魂的震撼。

更难能可贵的是，《破晓之前》打破了传统主旋律作品叙事相对平面化乃至脸谱化的人物设定陈规。主人公左绍英、王璞等革命先烈在成长中内心的犹疑以及细腻的情感展现都使得人物更加血肉丰满，散发出强烈的人性光辉。正是这种人性化的角色处理，使得青年观众对主人公的命运产生更为深切的同情，也对他们做出的大无畏牺牲产生了更为深刻的认同。

在《破晓之前》最后一幕，当代大学生们与革命先烈的对话把这种年轻化叙事推向了高潮，也为这部剧的核心问题找到了答案。当青年一代意识到革命先烈们正是在和他们一样的花一般的青春年华里面对着血雨腥风，并且用他们的牺牲换来了当代青年的和平与幸福时，大学生们不再仅仅把先烈看成偶像，同时也把他们看成和自己一样的普通青年，两种青春在舞台上融合凝结，先烈们牺牲的意义也被舞台上富有青春气息的歌舞传递到每一个年轻观众的心里。

《破晓之前》剧照（2）

二、音乐剧创作的本土化探索

作为一种发源于古典歌剧的舞台艺术形式，音乐剧在西方拥有悠久的历史和广泛的受众，美国百老汇和英国伦敦西区在音乐剧领域有着传统的核心地位。在向外形成文化输出的过程中，音乐剧在法国、德国等欧洲国家以及日本、韩国等亚洲国家都有着非常成功的本土化发展，音乐剧也不再只是“美国专利”和“英国特产”。随着《巴黎圣母院》《悲惨世界》《猫》等经典剧目在国内引发消费热潮，音乐剧也开始逐步进入中国都市文化市场。

又由于音乐剧区别于传统歌剧对唱法和表演形式较为严格的规范化要求，其流行化的唱法和灵活的表现形式都使其能够很快与丰富的青年文化元素结合起来。来自日本的二次元文化、来自韩国的K-Pop等文化元素，以及各种男团女团的表现形式甚至说唱元素都开始与当下的中国音乐剧相结合，音乐剧也开始成为青年亚文化的重要载体。这种与青年亚文化的融合也成为音乐剧的中国本土化过程中的一大特点。而在这种文化融合的过程中，中国的音乐剧，尤其是大学生原创音乐剧更多承载着来自西方的文化信息，更多体现着西方的审美标准，同时这也呼唤着一种本土化的态度和声音。

《破晓之前》剧照（3）

在音乐剧《破晓之前》中我们看到了这种可贵的本土化尝试和探索。选择这一本土色彩浓郁的题材本身就决定了《破晓之前》的本土特色。“革命婚姻”“《挺进报》事件”“华蓥山起义”“渣滓洞狱中联欢”等革命事迹被搬上舞台，其厚重的年代感和浓郁的重庆地域色彩都使得这台音乐剧体现出本土化的文化气息，从而带有鲜明的中国本土特征。

除了内容本身，在表现手法和细节上，《破晓之前》也体现出了一种植根于本土的文化自信，我们甚至看到剧中的一些角色操着一口重庆话，这既丰富了人物形象，也为这一严肃的题材添加了些许诙谐的气氛。这样的大胆尝试既是对故事的一种真实的还原化处理和巧妙的人物塑造，同时也体现出一种强烈的文化自信。而这种正剧式的艺术风格又并非对青年文化元素采取排斥的态度，剧中的原创歌曲部分也融入了大学生群体十分喜爱的说唱元素。这种基于青年文化的本土化探索使得这部大学生原创音乐剧具备了一种极强的个性化色彩，从而强化了其原创价值。

《破晓之前》剧照(4)

结语:

作为一部完全由非专业的大学师生们创作和演绎的舞台艺术作品，重庆移通学院的原创音乐剧《破晓之前》以一种年轻化的创作态度对传统的红色故事进行了富有时代气息的全新表达。整台剧目从剧本创作、音乐编写、歌舞编排以及舞台设计等各个环节都体现出强烈的专业追求，同时也葆有一种洋溢着青春气息的原创精神和自信气质。这种自信的气质是通过大胆的本土化探索体现出来的，师生们用他们最熟悉的语言和灵活的表现手法表达了对生于斯长于斯的这片土地的真切感情，体现出对本土文化的强烈认同感。这是青年文化与红色文化的一次成功的结合，也是音乐剧这种源自西方的艺术形式的一次有益的中国化和本土化探索。

在短短半年时间里，重庆移通学院的师生们用才华和热情打造了这样一部完整的艺术精品，也用作品发出了属于自己的时代之声，这种年轻的声音既激活了红色革命故事，也激活了青年一代的时代精神。当《破晓之前》帷幕落下，观众们经久不息的掌声和欢呼声就是对这时代之声最好的应和。

吕霖枫(重庆市文化和旅游研究院):

话剧《吉可,回家吧!》的叙事与空间
——兼论基层戏剧创作方法与实践

《吉可,回家吧!》是由重庆市合川区戏剧曲艺家协会、重庆对外经贸学院影视融媒体学院创作的一部红色戏剧,该剧以周吉可的女儿周美瞻的视角切入,展现了合川区红军将领周吉可短暂而辉煌的革命生涯。

一、宏大革命叙事的当代转化

如何将红色题材创作与当代观众的审美结合,一直是舞台艺术创作的难题。其难点在于:一是革命故事形成了相对固定的叙事策略,逐渐向类型化叙事靠拢,满足了特定审美倾向的同时,也容易造成审美疲劳。类型化叙事策略是经过历史沉淀逐步形成的,但在当下逐渐固化,甚至不能有效激发观众的情感共鸣。如何突破既有的叙事策略,实现叙事创新,成为当代戏剧创作者的难题。二是红色题材所涉及的时代背景与当下较远,观众不能感同身受,尤其是把红色题材符号化、类型化、浅表化的叙事策略,阻断了观众与历史之间的沟通,把革命战争的斗争性、残酷性、复杂性消解了,与此同时,故事的真实性也不能让观众信服。三是在创作中,很难全面、真实地展现革命英雄人物全貌,而这样或者那样的条条框框又会限制戏剧的想象力,加之,关于历史真实和艺术真实喋喋不休的争论始终困扰着创作者们。这种种原因,导致红色题材创作与观众审美需求之间有着一层隔膜。

编剧周津菁选取了周吉可的女儿周美瞻作为叙事的切入视角,摆脱了红色题材的叙事窠臼。虽然这种切入方式不是首创,但可以看出,她在剧本创作中始终在寻找当代观众的审美倾向,试图实现历史情景与当代观众之间的情感交流。这个方向是正确的,任何艺术作品都必须实现与当下观众的有效沟通,否则就变成了自说自话。

以周美瞻的视角切入,就把宏大的革命叙事母题转化成一个寻找的母题,把宏大英雄叙事转变为生命个体叙事。编剧把周吉可和周美瞻两个人不同的时空勾连起来:父亲在革命中成长,女儿在成长中找寻革命。

如果时光能倒流,如果生命可重生,女儿回到过去,试图去改变父亲的生命轨迹,但即使时光能够倒流,父亲依然会义无反顾地选择革命。编剧展开想象的翅膀,为故事提供了无限可能,也为观众走近革命英雄提供了通道,引导观众站在主人公的角度,去思考革命,思考人生。诚然,周吉可早已预料到自己会走向死亡,他虽对生命、对情感有着万般眷恋,但是依然选择牺牲,这是革命的必然,也是命运的必然。这就是亚里士多德在《诗学》中所说的必然性,这种必然性与命运是紧密相连的,这样把革命的使命和生命的必然性统一起来,故事的悲剧意义就凸显出来了。

编剧通过两个人的时空对话，彰显出了革命者丰富而复杂的情感，从当代人的视角审视革命，审视历史，这样的情感沟通足以引起当代观众的共鸣。此外，这样的叙事策略又能很好规避关于英雄人物艺术真实和历史真实的争论。笔者认为，如果全剧能够一以贯之地以女儿周美瞻和父亲周吉可之间的时空对话作为主线，则看起来更加整一，故事主线更加突出。

《吉可，回家吧！》剧照(1)

二、对革命生活的尽心阐释

该剧的演员是重庆对外经贸学院影视融媒体学院的在校学生，他们不畏困难，敢于尝试，努力理解和展现革命英雄。

对于大部分学生来说，革命战争离自身的生活较远，想要塑造好革命人物是比较困难的，尤其是演绎周吉可这样的红军将领，就更为困难。只有真正理解了革命的本质，理解了角色的内心，才能塑造好一个人物。剧中各个角色的塑造都有独特设计。温柔又坚强的角色永芬给人留下了深刻印象，这个看起来清纯温和的小演员，身上自带书卷气。而历史上的吉可之妻永芬读过私塾，能写字作文，角色和演员在气质上是有些许相似性的。演员很好地把握住了这一先天的优势，并在演出中不断寻找人物的生活和情感，获得了较好的效果。而笔者认为，是否可以让她的情感再往深处走——温柔、沉静、坚强又执拗，表现出她性格的最大张力？饰演吉可母亲的演员努力地寻找了人物定位，她自私、乖戾，对儿子却是一片温情，复杂的性格在演出中已有表现。但是，她所处的时代，封建家庭的环境，决定了她不应当是一个普通的农妇——她是一个有些家私的地主家太太，因此除了表面上的粗鄙和乖戾，还应当有作为婆母和地主婆的“威”。而作为母亲，她已经把生命中少有的柔情全都奉献给了自己的儿子吉可，因此，她留给媳妇儿和孙女的，最多的还是残酷和不通人情。复杂矛盾的性格表现，终而塑造出一个强势无比却深度“悲哀”的母亲形象。饰演周吉可和周美瞻的两位主演的基本功都是值得称道的，笔者希望他们也能更加细腻地观察现实生活中的人物，同时从历史书籍、实地采风中尽可能地了解和体验每一个角色的独特性，再通过自己的身体条件、特征及气质对角色人物进行更加细致的解读和表达。同时，在这出戏的不同阶段，人物的状态也是不同的，这些都是可以深挖和寻找的艺术亮点。总的来说，周吉可的母亲代表着封建时代，周吉可代表着革命年代，周美瞻代表着当代，各个角色都被赋予了各自时代的烙印与观念。想要在一部戏中表现出三个不同时代的人物，就必须让人物有明显的差异性，这样的差异性不仅需要外表上的精心设计，更需要演员去刻画人物，找到特定时代下人物的典型性。这对于当代大学生来说，是一个不小的难题。想要理解好、表现好剧中人物，就必须下苦功夫，把自身放在角色的位置上去思考。

《吉可，回家吧！》剧照（2）

在舞台呈现上，导演黄智宁和杨悦君把周美瞻这个人物凸显了出来。将周美瞻作为一条叙述线索和周吉可的生命轨迹结合起来，一方面增强了故事的连贯性，另一方面形成了“看”与“被看”的互动关系，即审视与被审视，在审视中由剧中人物带领观众重新认识革命，重新认识情感。这个做法有非常强的创新性，同时又更加凸显了故事的主题，符合当代观众的审美习惯。这种从当代视角去审视过去的做法与电影《你好，李焕英》的手法有异曲同工之妙。另外，这个视角是全知视角，也是观众视角，角色既知道过去，又能预知未来，但是她无能为力。在命运面前角色是无奈的，但无奈最终转变为理解。从剧中人物的相互理解，达成了观众与人物互相理解，从而实现人物与观众的沟通和交流。此外，整部剧的转换流畅，干净利索，运用了音乐、灯光等元素，实现了空间的自由切换。

三、寻找恰当的舞台空间

该剧主要以周美瞻和父亲周吉可二人的时空交错来叙事，所以在舞台空间整体氛围的营造上应该更为灵动自由一些。而作品在呈现的时候可能没有考虑到这一点，还是以"规定情境"的传统方式去营造戏剧空间，影响了对该剧自由和灵动的表达。

笔者浅显地认为，"规定情境"能够营造一种真实感，让观众相信舞台上所发生的一切都是"真实的"，从而把观众带入到观演中，引发共情。下面笔者想从"规定情境"空间营造的角度来谈一谈这部戏。

事实上，今天的观众是非常成熟的观众，他们对于高度的戏剧假定性有着充分的认识，所以针对这样的观众，没有必要去建构符合现实生活的舞台空间，因为观众完全不需要解释就能看得懂高度假定的空间和动作。今天的舞台需要的是更少、更精的场景设计，比场景真实更需要的是心理真实，而不是为了营造真实，把舞台摆得满满当当。

同样，我们看到西方当代戏剧也有同样的追求，其在戏剧空间的营造上，已经不再强调情境的真实性，反而追求高度的灵活和自由。把人的身体语言当作一种空间，实现机械装置和人身体的结合，形成精美而空灵的空间感。再者，如中国戏曲是追求空间高度自由的典型艺术形式，一切空间的营造都需要由演员的身体语言去表达，这就有很多东西可以让我们借鉴。而反观我们当下的不少舞台剧创作，依然在追求复杂，追求繁复，好像只有这样才能让观众相信舞台上所发生的一切都是真的。

该剧是一场心灵之旅，如果非要把戏剧空间真实化，就显得戏剧内核和舞台美术之间不协调。该剧的创新之处在于时空高度自由，这是一场灵魂与灵魂的对话，是不同时代下不同人生的成长对话。父亲的革命成长与女儿的生命成长并行，并彼此审视，在此过程中情感得以升华。特别是最后一场戏，舞台上展示了周美瞻和父亲的"时空交错"：周吉可和几个红军战士在泥泞的草地中艰难前行，美瞻触手可及，却又永远触摸不到她的父亲。笔者觉得这个时候舞台应该是空灵的，不需要任何装置和道具，七七八八的红军战士，或躺着，或站着，或相互依偎着，正好符合精疲力竭、饥寒交迫的生命状态，如果让他们安安稳稳地坐在长条凳子上，戏剧的力量、生命的力量、革命的力量或许会有所消解，再加上过于明亮的LED显示屏展现出了泥泞草原，这样的做法更破坏了演员的表演，难以让演员把更加炽烈的情绪传达出来。

笔者的浅见是，我们是否可以尝试从中国传统戏曲中去找营造戏剧情境的方法？戏曲有很强的写意性、假定性，这个美学特性应当说是和本剧的审美走向相符合的，是否可以借鉴？

《吉可，回家吧！》剧照（3）

四、从《吉可，回家吧！》谈基层戏剧艺术的创作与实践

资金和戏剧资源的缺乏，是基层戏剧创作面临的普遍问题。而《吉可，回家吧！》是比较符合基层戏剧创作条件的。该剧有着高度自由的戏剧空间。正是因为该剧这样的特征，在舞美制作、灯光的营造上，以及道具上，都不需要大量的投入。《吉可，回家吧！》通过戏剧本体的巧妙构思，为我们提供了不同的创作理念。借此，我们应当反思，并尝试在戏剧创作上转变方向：大制作、大投入、大场面的营造有时是不必要的；唯名家、名导、名演员的创作方式也不适合基层创作。我们应当把精力、资金、时间都放在对戏剧本体的打磨上，放在人才的培养上。不然，在公共资源被巨大浪费的同时，也会存在基层创作人员不能人尽其才，无戏可做的窘状。一边是本地人才资源的浪费；另一边，在创作上还是依靠外请、外聘专业人士，受制于人。

笔者观察发现，近年来诸多戏剧采用了大型的机械装置，以及大量的LED显示屏，用高度视觉化、奇观化的方式和戏剧相融合，虽然给观众带来了视觉化的享受，但是也存在忽略演员表演、弱化戏剧冲突的问题，使戏剧最终变成一场华丽的视觉秀。在基层戏剧创作中，笔者认为还是要以演员为核心，彰显戏剧作为“人的艺术”的魅力，不必在机械装置、LED显示屏等现代视觉装置上苦做文章。不管现代技术如何发展，戏剧仍然是“人的艺术”。不论视觉效果如何绚烂，观众最终认同的依然是情感，这一点必须坚信。所以，在基层戏剧创作上，应当踏踏实实做戏，踏踏实实培养人才。

《吉可，回家吧！》是一部有底子的戏。在此，笔者总结上文以提出几点打磨建议。一是全剧上下应该围绕一个核心，增强全剧的整体性。二是在表演上还可以继续推敲打磨：这就是要进一步理解剧本，提高演员对特定时期革命生活和革命者家庭生活的认识，从而提高表演的可信度。三是在导演上可以有更大的创新，即突破传统思维定式，简化戏剧舞台空间，让戏剧进一步回到人物内心情感的表达上。

蒋长朋（重庆市文化和旅游研究院）：

古老剧种的“青春”

——谈新编石柱土戏《秦良玉和马千乘》

石柱土戏是2009年重庆市人民政府公布的市级非遗保护项目。据《中国戏曲志·四川卷》记载，土戏大约源于清康熙年间。1949年以前，土戏一直在石柱县沙子、湖镇、盐中、官田、中益一带山乡演出。新中国成立后，由于土戏夹有封建迷信色彩，故少有演出。党的十一届三中全会以后，1979年，文化主管部门对土戏进行了调查发掘工作，“去其糟粕，取其精华”，恢复了演出活动。时至今日，流传于石柱土家山寨、与外界少有交流的石柱土戏，伴随着时代变迁、经济社会的快速发展，目前已经濒临消亡，亟待以创新的方式进行挖掘和复苏。

2019年，石柱县在全县各项脱贫攻坚事业中，对文化的脱贫攻坚工作提出了要求。为此，石柱县文化馆通过查找资料库中20世纪七八十年代拍摄的演出视频，花大力气整理了剧本《四值功曹》，依托两位老艺人的记忆恢复了演出，演员都是石柱县中益乡当地的土家族村民。这次演出是对濒临消亡的石柱土戏的挖掘和复苏，是对旧的演出习俗的恢复与革新。这次演出给我们留下了深刻的印象：高亢的啰儿调、喧腾的土家耍锣鼓、演员与观众无间隔的插科打诨，带来了浓浓的土家风情。然而，过于质朴的表现方式、较为松散的戏剧结构与当代观众的审美方式还有着较大差距。如果要在当前文旅融合的背景下，将石柱土戏作为能与观众见面的舞台演出，则需要对原生态的石柱土戏进行艺术资源的分析和研究，再寻找创新的方法和思路。

新编石柱土戏《秦良玉和马千乘》便是在此背景下产生的。该剧以流传于石柱地区的秦良玉比武招亲的民间故事改编创作而成。说到石柱的历史人物，一定有秦良玉。而提起巾帼英雄秦良玉，给人的印象多是金戈铁马、豪情壮志，关于她的艺术作品亦如此。因此，选择秦良玉这个文化符号来创作石柱土戏无可厚非。然而，石柱土戏是一个民间特征十分鲜明的小剧种，关注的是民间生活。

如与贺寿相关的《八仙庆寿》，与修房相关的《灵官镇宅》，与娶媳、生子相关的《金童玉女》，与垮岩、崩坎等灾害相关的《二郎降孽龙》等都是石柱土戏的代表性剧目。作为民间小剧种的石柱土戏要如何表现巾帼英雄秦良玉呢？

一、女性独立：人文精神的融入

《秦良玉和马千乘》放弃了宏大历史叙事，独辟蹊径，将细腻、柔情的笔致专注于少女秦良玉丰富的内心世界，讲的是：少女秦良玉比武招亲的第五个年头，马千乘带阳钗下山找她，希望能按“娃娃亲的约定”，日月合钗，“三媒六聘”完婚。秦良玉却非要与马千乘擂台一决雌雄。二人情感错位，意见不合，秦良玉愤而把月钗抛进东溪，放弃不懂她内心的马千乘。擂台开战，愁女嫁的父亲秦葵闹出不少笑话。秦良玉打败所有应征者，心灰意冷。最后，马千乘到来，原来是他昨日冒死从东溪河中寻回月钗并理解了秦良玉的内心。在欢快的斗舞、土家的锣鼓声中，马千乘战胜秦良玉，日月合钗，喜结良缘，成就了之后马秦夫妇在中国历史上驰骋疆场的爱国主义传奇。

《秦良玉和马千乘》剧照（1）

该剧借助于历史的物质外壳，将之“陌生化”处理，消解宏大叙事，转向刻画秦良玉的生活，以审美的眼光观照历史，发挥创作者的主体性，从中发现新意，表现人类共同的精神困惑，传达历史所蕴含的现代哲思，并融入深沉的现代女性独立意识。更重要的是，该剧的关注点在于刻画“人”，刻画真实、多样化的“圆形人物”（拒绝单一、扁平的人物形象），借古代人物秦良玉呼唤人性的自由——认为女人应当和男人一样担负保家卫国的重任——因此她将“具有报国大志且同时理解她沙场驰骋心愿”作为择偶的标准，灌注了鲜明的时代精神和人文精神。笔者认为，这样的作品所呈现的，是合于时代、合于生命的现代人文精神。

新编土戏《秦良玉和马千乘》主题创意的最大特征就是小：放弃宏大，而追求微末；放弃金戈铁马，而追求儿女情长。这都是在为土戏“量身定做”，土戏擅长演出“民间生活”“家长里短”，演土著生活，便有风情可谈，有存量可用，有典型的地方特色可彰显。为剧种做戏，为基层做戏——因地制宜，是我们基本的工作方式。

二、剧种特质：保持土戏的艺术风貌

剧种与剧种之间的区别在于声腔，而声腔的差异性从根本上说来自方言。诚如剧作家罗怀臻所言：“一个剧种，一种方言，一套声腔规律，都有着某种‘规定性’，这种‘规定’是使此一剧种区别于彼一剧种的‘天书密码’，可以感觉，可以认定，却较难破译。因为它是整体性地潜伏在某一区域或者剧种的生存心理上的，它是一个历史的生命现象。”①

《秦良玉和马千乘》剧照(2)

石柱有石柱的方言，石柱有石柱的音乐，石柱土戏的最大特色在于独特的戏剧声腔“啰儿调”。独特的“啰儿调”音乐和声腔，恰是石柱土戏能传承、能存活的“密码”。一曲《太阳出来喜洋洋》早已

① 汪人元，罗怀臻．当代戏曲发展的又一种选择——关于戏曲电视剧的对话[J]．上海艺术家，1995(5)：40.

红遍大江南北，而石柱土戏正是以啰儿调“歌唱演故事”的少数民族戏曲艺术。石柱土戏在形成之初，就以石柱啰儿调入戏，同时展现出开放的格局，它曾在发展过程中化用川剧、花灯戏等元素丰富自身。《秦良玉和马千乘》在音乐方面，结合了啰儿调的音乐形态，融合加工成更具有表现力和感染力的音乐语汇，以此保留土戏的音乐意蕴。本剧坚持按照传统，以“土家耍锣鼓”入戏。为了打造全青春版阵容，也同时为了传承土戏“耍锣鼓”传统，艺术总监秦泽斌专门为本剧训练了一支全由青年人组建的锣鼓班。锣鼓班坚持训练一年，小演员们从口念锣鼓经开始熟悉传统曲牌，再上手练习，配合演出。而他们还要过最难的一关，那就是配合导演熊平安的创作意图而演出“打戏”，即为戏剧情景的营造、演员动作和唱词台词的表达、戏剧节奏控制的需要而演奏。石柱的方言和土家语言习惯，也是编剧在写作剧本时着重考虑的因素。在下笔之前，编剧周津菁查阅了大量石柱本地的民歌、民间故事、民谚等资料，并做了扎实的实地采风：丰富的原生态语言资源，让这部戏的生动与活泼有了基本的保障。剧中既有“泥鳅儿过捧，女人靠哄；泥鳅过抠，女人靠逗……”这样通俗易懂的俗语、俚语，也有“溪水如带柳如烟，莺闹燕舞色更妍。何年才得春意满，一枝红杏出墙园”这样典雅、优美的唱词。在整体艺术形式上，剧中编排了土家族少男少女的摆手舞、玩牛、西兰卡普旗舞、板凳龙等，这些传统民间艺术都恰到好处地融入了故事情节。值得一提的是，青年演员罗楠担任了本剧的副导演，以鼓励青年艺术家对传统戏剧艺术创作的积极性。

《秦良玉和马千乘》剧照（3）

当下，舞台艺术同质化已经成为一种普遍现象。很多时候，外地观众不能通过一个剧种，看到或者感受到当地民众的日常生活、情感个性、历史经验、文化心理的积淀等，这样的演出也难以唤起本土观众对“家”的亲切感和记忆。而看过新编土戏《秦良玉和马千乘》的观众却都一致认为，这个戏充满了浓浓的石柱风情。这个戏并非没有借用和化用其他姊妹舞台艺术的形式，却能较好地避免舞台艺术同质化的问题，原因就在于：从戏剧主题和内容的策划开始，就充分考虑和最大限度地尊重地方方言和语言习惯，倚仗和尊重剧种声腔和锣鼓，在“台上台下互动”开放的舞台空间中回归土戏欢乐达观的精神风貌。一句话，尊重土戏传统——尊重文化传统，是一切突破和创新的基础。笔者认为，从认识、了解优秀传统文化，到创新、弘扬优秀传统文化，就是根植于“文化自觉”的真正“文化自信”。

而同时，这部戏也是一个认真追求革新的作品。传统戏《四值功曹》是对濒危的石柱土戏的挖掘和复苏，是传统的土戏。事实上，“传统”一词指的是过去某一时段的创作、演出经验，是“流”而不是“源”，因此，“传统”本身也是一种创造、发展和变化。随着城市化、现代化进程的加快，新生代的年轻观众在生活节奏加快、娱乐方式日趋多样的今天，审美需求也发生了变化。他们希望舞台剧演出不只是在形式上求新求变，更重要的是要有直击内心的思想意义。《秦良玉和马千乘》具有“女性独立价值追求”的主题设计，就是这一审美转化背景中的艺术探索。

《秦良玉和马千乘》剧照(4)

创作者具有鲜明的现代意识，着力于对石柱土戏的探索和实验，选取多种艺术手法为其所用。既秉承高度写意的戏曲艺术神韵，景随人走；又从中国人的文化、审美、欣赏习惯出发，营造出“擂台”欢乐、诙谐的浪漫场面，创造出人们喜闻乐见的“青春”“时尚”版土戏；同时，生动地表达了现代女性的独立意识，激发观众思考社会与人生，从而使作品传达出含蓄隽永的韵外之致，如盐入水，有味无痕。

陈林江、吴雨田（巴南区文化馆，独立音乐人）：

传承是生命，创新是未来
——木洞山歌剧《爷爷的山歌》创作有感

作为第一批国家级非物质文化遗产，木洞山歌已传唱千年，多少代山歌传人的智慧，多少年精神文化的沉淀，蜕变为这一份弥足珍贵的文化瑰宝。而如今，在新时代浪潮的冲击下，为了传承与推广，为了创新与发展，木洞山歌走出田间地头，登上更广阔更现代的舞台，成为大势所趋，这便是木洞山歌剧《爷爷的山歌》创作的初衷与所愿。

2021年年初，木洞山歌剧《爷爷的山歌》开始筹备。经过剧本编写、词曲创作、服装设计、道具制作、演员选择、剧目编排等一系列创作流程，终于在2021年11月，通过十余名主创团队精益求精的创作，50多名演员的不懈努力，在巴南区文旅委、木洞镇人民政府的大力支持和市级专家的细心指导下，这部极具历史意义的山歌剧在万众瞩目中完成了舞台首演。

《爷爷的山歌》剧照（1）

坐落在长江边的古镇木洞，位于长江明月峡出口处，相传明代在此处修建禹王庙所需的木料从一处木洞中取出，故名为“木洞”。作为重庆重要的水路码头，木洞镇繁荣热闹，多种文化交集，其中最具有影响力的便是极具地方特色的木洞山歌。

相传，周武王伐纣的巴师勇锐歌舞凌敌便是木洞山歌的雏形，距今已有三千多年的历史。长江滚滚，不停冲刷着木洞古镇，岁月长河也不断洗涤着文明传承，但木洞山歌坚韧地传承了下来：在20世纪80年代开展的巴县民间歌曲集成普查中，有150名歌手演唱或者提供了资料。1991年，重庆首批命名的40名“民间歌手”中木洞就有37人，其中4人还被评为一级民间歌手，每人能唱500首以上民歌。如今，木洞山歌成为首批国家级非遗项目，在一代传承人的文化坚守下，现在木洞山歌以5个村为文化基地，已经确立了5所学校，新培养了30名歌手，继续传唱着原生态木洞山歌。但是更为艰巨也更有意义的重任跨越了三千多年的时空交接到了我们这一代“山歌人”的手中，那就是如何让木洞山歌发展创新、更受欢迎。

一、山歌丰富多彩，唯剧方能承载

木洞山歌的主体是由竹枝歌直接演化而来的啰儿调和受其影响而发展起来的禾籁，还有叙说咏唱男女恋情的情歌和用对歌形式演唱的盘歌，在劳动过程中统一节奏、协调动作、鼓舞情绪的劳动号子，以及在民间礼俗和祭典仪式中演唱的风俗歌和各种小调等。这些众多歌种中又包括若干类别。如禾籁就包括高腔禾籁、平腔禾籁、矮腔禾籁、花禾籁等；风俗歌包括节气歌、婚嫁歌、丧事歌、修房歌、寿礼歌、香火歌、酒歌等，劳动号子包括船工号子、工程号子、车水号子、搬运号子、作坊号子、农事号子等。

可以说，在三千多年的漫长发展中，木洞山歌已经形成一个庞大的、丰富的、所涉范围十分广泛的山歌体系。要让广大群众了解木洞山歌的独特魅力，感受其博大精深的文化内涵，热爱其丰富多变的艺术表现手法，这绝不是一首歌、一段词所能完全表现的，必须要融合、借助另外的艺术体裁。于是，通过与木洞镇人民政府、山歌传承人的多次讨论，在放弃了舞蹈、组歌等多个艺术体裁后，最终确定了木洞山歌的发展方向——戏剧。

戏剧具有很高的包容性：可以是以语言为主的话剧，可以是以舞蹈为主的舞剧，也可以是以音乐为主的音乐剧。戏剧体量具有可变性：可以是最为精悍短小的小品，可以是鸿篇巨制的多幕剧，也可以是时长适中的独幕剧。戏剧也具有很强的传播性：通过讲故事的方式，让所承载的内容更浅显易懂。而此次，我们决定打造的戏剧形式是山歌剧，可以说是一项全新的挑战，不同于传统的音乐剧的表达形式，我们没有可借鉴的历史经验，如何将原生态的木洞山歌音乐用于故事的叙述、情绪的表达、人物的塑造，完全需要主创团队的想象力和创新力。同时，剧本的创作亦是当务之急，该讲述什么样的故事，什么样的人物？于是，几项艰巨而浩大的工程同时启动。

二、传承的人生，真实的剧本

剧本是骨架与血肉。刚开始剧本创作组想要的是一段传奇故事，一具“天赋异禀”的身体，但好几版写出来都显得有些“天生畸形”。随后我们意识到，传承的故事需要的是传承人的故事，于是木洞山歌国家级非遗传承人喻良华和他的女徒弟——木洞山歌市级非遗传承人秦萩玥的真实传承经历，便成为剧本中故事的原型，经过提炼改编，在剧中，他们成为爷爷与孙女，而其一波三折的传承经历，也影响了数代人。

《爷爷的山歌》剧照（2）

序幕：开山修桥娶小娇。四十年前，勤劳朴实的木洞汉子们，为了家乡的发展，为了共同富裕，为了追求河对面的心上人，在青年高良的带领下，唱着木洞山歌，凿石开山，铺路修桥。从此，勤劳朴实的木洞人靠自己勤劳的双手，开创了美好生活，拉开了主人公高良山歌人生的序幕。

第一幕：一里码头游子归。如今，唱了几十年山歌的高良与老伴相守在木洞古镇，面对山歌即将失传的现状他感到深深的忧虑。为了山歌的传承，高良到处发掘人才，他想起了自己在音乐学院读大学的孙女高可，想让她回来传承、发扬木洞山歌。而从小听着山歌长大的高可，也放不下家乡之音木洞山歌，在毕业之际选择放弃和男朋友一起出国留学的机会，只身一人回到了生她养她的家乡。这一天，弥漫着豆花、油酥鸭香味的木洞河街像往常一样热闹起来了，不一样的是，漂泊在外的高可带着对山歌的眷恋回来了。

第二幕：一场比赛两行泪。回到家乡的高可信心满满，运用自己的音乐专业知识，用美声唱法精心创作了一首具有创新性的木洞山歌，最终却因为过于浮夸在“乐秀山歌邀请赛”中不仅没有得到大家认可，反而倍受打击：学员退学、培训班停课。正当高可万念俱灰的时候，她的恋人文阳从意大利回来了，原来，文阳心中一直牵挂着高可，这次回来就是要和高可一起完成音乐梦想。两个年轻人充满信心，可是在山歌创新的路上还是遇到了瓶颈。高良和老伴发现后，带着两个年轻人下乡采风，去找山歌的根，去找创新的路。

第三幕：田头长得有山歌。木洞山歌是木洞人民生活劳作的智慧结晶，高可和文阳来到田间地头，跟着忙碌劳作的人们深入田地体验生活，看着四季变化，听着大家用山歌唱出四季不同的景色，对木洞山歌的理解更深了。最终，他们找到了山歌的根，找到了创新的路。

第四幕：日子就在歌里过。高可、文阳深入田间地头劳作采风之后，找到了木洞山歌的艺术特点，并和外国朋友詹姆斯一起利用互联网，开展了木洞山歌全球直播，大获成功，收获了数千万人的点赞，让山歌走出了大山。他们让木洞的各种民间传统文化走出大山，并带领乡亲们一起致富，展现了山歌之乡新时代的新面貌。

《爷爷的山歌》剧照（3）

音乐是思想与灵魂。山歌剧，当然重点要放在山歌上，传统的山歌是段落式的、粗犷的，独立感强，那么“山歌究竟要怎么搞”才能成为剧目中的音乐呢？音乐创作组为此也纠结了不少时间，比如摇滚化还是歌剧化。但我们心底都清楚，创新并不意味着去做“面目全非”的改变，创新是更高级的传承，摇滚也好，电音也罢，这只是躯壳，重要的是要把握好山歌的特点与精神。

通过不断地探索与走访，我们在创作中逐渐明确了一点：木洞山歌独具特点的衬词应该是串接“音符”的首要选择，如“哟嚯喂”“吔咦哟”“喔咦咗”等。而木洞山歌中的禾籁与劳动号子则成为音乐的主题，根据剧情需求再编入百老汇音乐与歌剧的宣叙调和咏叹调。

紧接着是一场大辩论：这样的音乐是否能够动人。现代音乐是现代音乐人的产物，能够准确把握现代人的审美点，自然是受欢迎的。而传统的木洞山歌自带的别样风味和历史沉淀也让很多人受用。但是两相结合呢?“弄巧成拙”这四个字像是阴霾，笼罩着创作组所有人。最后，还是这样一个疑问的解答让我们坚定了方向，那就是无论现代音乐还是木洞山歌，其实音乐的本质都是真情流露。

言所不及，歌之。只要我们的创新切合山歌、切合音乐的本质，那么就一定能动人。只要音乐中有真情流露，就不在乎田间地头还是璀璨舞台，我们都能纵情高歌。

三、唱得越大声，回声越嘹亮

正如剧中所述，传承是充满苦难的，而创新亦然。木洞山歌的传承与创新是一种关于热爱与梦想的情怀，是一个关于年轻与挑战的故事。先辈留下的艺术瑰宝，需要年轻一代的传承；把传统的变成现代的，把经典的变成流行的，需要年轻一代的创新；而把学术的变成大众的，把民族的变成世界的，则需要年轻一代将传承与创新融会贯通，找到最完美的破题点。这一次，我们尝试的点是木洞山歌剧，这是木洞山歌在新时代的亮嗓，这是木洞山歌充满张力的呐喊。

世界需要很多声音，所以不管是否被别的声音淹没，至少被听见，世界就会多一种声音。敢于发声，这是木洞山歌传承人的自信；敢于作为，这是木洞山歌传承人的勇敢。因为你只要唱过山歌，那么便会明白一个道理——唱得越大声，就一定会收获更嘹亮的回声！

《爷爷的山歌》剧照（4）

“金桥吹打乐”现状调查与保护对策

邹俊星
（重庆市文化和旅游研究院）

【摘要】金桥吹打乐是重庆万盛具有代表性的民间乐种，在全国的吹打乐中也有一定的代表性。但随着当代社会的发展，该乐种原来赖以生存发展的诸多因素发生了较大的改变，致使这一民间传统乐种现已濒临失传。本文通过对金桥吹打乐的生态现状进行实地调查，在此基础上提出了一些有效保护金桥吹打乐的对策。

【关键词】重庆万盛；吹打乐；传人传谱；保护对策

在历史悠久的巴渝民俗文化中，民间吹打乐是一种有着深厚群众基础的艺术形式，它集中体现在人民的生活习俗、劳动学习中。尤其是广大的乡镇和农村地区，无论是婚丧嫁娶、礼仪交往，还是待人接物、节日庆典，都离不开民间吹打的助兴和烘托。

一、发展轨迹

万盛金桥镇（原“青山乡”，下文不再括注）民间吹打乐历史悠久，曲目繁多，有鲜明的民族和地方特色，是巴渝民族文化中一笔珍贵的财富，也是这一宝库中的一颗璀璨明珠。它经历了民族原始时期的生产、生活、战斗中鼓舞唱和的孕育期，汉代至明代由鼓舞伴奏到吹乐曲的转型期，且曲目日臻成熟。清代吹打器乐出现转折，创立了独具特色的“马风派”吹打风格，器乐配备齐全，曲目更加完善。新中国成立以后，金桥民间吹打乐经历了兴衰、更迭的曲折发展期。

金桥民间吹打乐，其产生、发展的历史与巴渝吹打乐的历史同步，产生时间大致为宋元时期。1999年春节前夕，万盛区市政施工队在改扩建公路铺设地下管道时，发掘出一批文物。在这批长满绿锈的铜瓶、铜镜、铜罩、铜盘、铜勺中，有一对边缘破损的铜钹。经重庆市文物考古研究所（现为“重庆市文物考古研究院”）专家考证，这批文物属于宋元时期。此外，在历代金桥民间吹打乐拜师仪式上，还有这样一个内容，即徒弟要背诵“锣鼓原由唐朝起，只因臣子死亡，阴魂不散。锣响鼓鸣，清吉太平。将他历史演唱，金殿安乐无事。每个百官归天时，就为锣鼓起事”的偈语。这说明万盛金桥民间吹打乐的出现时间有可能更早，即起源于唐朝。

金桥民间吹打乐经历了漫长的过程。清代金桥的刘多二创立了有如“铁马秋风塞上，千军万马出山”等风格的演奏方式——“马风派”。通过刘汉卿、向义云、向紫钦、翁庆华等五代艺术家的不断创新、发展，新中国成立以后的50年代，是金桥吹打乐的鼎盛时期。“文革”期间是冷落、沉寂、衰退期。20世纪80年代，改革开放的不断深入，给这一民间艺术提供了较为广阔的空间，使沉睡了十多年的艺术迅速复苏。金桥民间吹打乐从20世纪50年代末开始登上大雅之堂，1958年秋整理的《闹春耕》获市农村文艺调演一等奖、四川省二等奖，被推荐到北京参加演出。1959年整理的《蛟龙翻身》《蜜蜂围着菜花飞》，1961年改编的《庆元宵》，1964年改编的《春到养鸡场》，1984年改编的《庆丰收》，分别获得市、区文艺演出奖。以上表明，金桥民间吹打乐在西南地区影响很大，现巴南接龙吹打曲牌中《青山调》等大量的曲牌源于金桥民间吹打。其中不少曲目已被编入《中国民族民间器乐曲集成(四川卷)》中，存入国家的艺术宝库。

金桥吹打乐自进入抢救期以来，也有了新的发展。1994年，重庆市文化局命名金桥乡为“民间吹打乐之乡”。1999年，金桥吹打乐被评为“巴渝民间十大艺术”之一。

金桥吹打乐的曲目丰富，据普查统计，有“花灯”“大曲牌”“朝牌”“宫堂”“品打”“挑打”“散打”“干打”“夹打”“挑散打”“竹叶吹奏”“口哨”等多种类别，合计曲牌1000余首。金桥吹打乐这些众多类别的曲目，在长时期的流传中，形成了独具特色的“马风派”，由吹打乐班传承发展，其创始人是金桥镇马头桥村的刘多二。

金桥民间吹打乐有“天下第一唢呐，人间第二奇鼓”之称。其吹奏方式是由两人抬唢呐、一人吹、两人奏，五人共同完成。

金桥民间吹打乐的乐器分为吹奏类、打击类两大类别。

吹奏类，主要是唢呐。唢呐有6种不同规格：(1)海笛：特高音唢呐，亦称小唢呐、叽呐子唢呐、幺子唢呐，此种唢呐长不过28厘米，音极高；(2)二台：高音唢呐；(3)三台：中音唢呐，有小三排、大三排之分；(4)头台：低音唢呐；(5)莽台：超低音唢呐；(6)特大唢呐，长4米，喇叭口直径1.8米，其最低音是谱表下加一间的E音，音域为1个8度多。原始的唢呐加工是用一木弓将唢呐管系在弦上，一手握住木弓不断地来回移动，使唢呐管顺反转动，另一手用刨刀刨、刮唢呐管，在钻通管后，用“跨跨钻”钻音孔。在青山有关唢呐的众多传说中，有一种说法，说青山原始唢呐只有一个音孔。吹奏时全靠嘴形和气压的高低变化而变化。刘多二时代的唢呐有了6个音孔。后来，民间艺人向漆匠成了在金桥青山当地加工唢呐、鼓的高手，靠加工器乐增加其收入，晚年将手艺传给自幼聪明的后裔向紫钦。向紫钦自15岁时就跟随祖父走南闯北学习制作加工鼓、唢呐，以及雕刻、竹编等手工艺，他得到高师的指点，能加工不同型号的唢呐、鼓。向紫钦又将这些手艺传给后裔向仕林，如今向仕林又对唢呐、鼓的加工设备进行了改进，提高了功效，唢呐远销巴南、綦江、南川及贵州的松坎等地。

打击类，主要是鼓。有冬瓜鼓、排鼓、堂鼓、大堂鼓、小堂鼓、二鼓、青山鼓、饼子鼓、板鼓、盆鼓。其次是锣，有川锣、蛮锣、京锣、包锣、当锣、花鼓锣、小锣、马锣。还有钹，包括大钹、小钹、铰子、铙钹、镲。在金桥吹打乐的这些乐器中，最主要的是唢呐、鼓、锣、钹、马锣。

二、传人传谱

“马风派”传承谱系如下。

第一代：“马风派”创始人——刘多二、刘云池，金桥马头桥村人。刘多二自10岁起，爱好吹奏唢呐，11岁时组织四个好友创建了自己的吹打乐班，背诵了“锣鼓原由唐朝起，只因臣子死亡，阴魂不散。锣响鼓鸣，清吉太平。将他历史演唱，金殿安乐无事。每个百官归天时，就为锣鼓起事”的偈语后拜师学艺。当时器乐结构简单，一支二台中音唢呐，鼓、锣、钵四种，鼓要一人背着敲，锣要两人抬着打。曲牌方面也是传统的满打曲牌、散打曲牌。刘多二中年时代，他的乐班在綦江、南川一带为老百姓的红白喜事提供吹打服务，很有名气，受到主人和同行的尊敬。有一次，刘多二带着他的乐班到綦江莲花吹打，回家途经綦江、南川交界处的马鞍山时，不慎在马鞍山摔了一跤，不仅将唢呐的谷哨摔坏了，还摔痛了自己的脚，于是吹打队员坐下来息气。此时的刘多二一边息气，一边重新扎制唢呐哨子，扎好唢呐哨子后，觉得自己像是骑在一匹即将出行的骏马上，四周环绕着无数小山，像行进中的马群，阵阵清风吹得刘多二心旷神怡，雅兴大发。于是拿起唢呐，润软谷哨，试吹唢呐，惊奇地发现唢呐声在崇山之中回荡，发出的声音奇特，他索性停下吹奏，提醒大家仔细听这声音像什么。大家都觉得很奇异，像“马叫”声，刘多二又叫打鼓手刘云池按曲牌点子敲鼓，鼓发出了“得格斗”“得格斗”的声音，像马奔跑时马蹄的声音。此时，惊喜万分的刘多二对一行人说：“此地险要，众马奔腾，风光无限，我们吹打一曲，看‘声相’如何?”于是，息足了气的刘多二口含唢呐哨，挺胸抬头，手推唢呐向上，如马啸时前蹄腾空，马头上扬嘶叫的神态。他神情专注吹响唢呐，鼓、锣、钵、唢呐协和奏鸣，其声音在崇山峻岭之中回荡。曲近高潮时，酷似万马奔腾时发出的“马啸”与“马蹄”相协和的风声。曲终，刘多二对众人说：“我们这是马风锣鼓。”于是刘多二成了青山民间吹打“马风派”的创始人，也是第一代祖师。他晚年将艺术传给班头刘汉卿。刘多二拜谁为师，至今无法考证。

第二代：刘汉卿，金桥马头桥村漆匠沟人。刘汉卿九岁时拜刘多二为师，在名师指导下带领一班人勤学苦练，经过十年磨炼，他的吹打技艺超越了师傅刘多二。他在漫长的吹打生涯中觉得吹打模式单一，试探着进行改进，并从外地引进高音唢呐“苏二台”。这种唢呐做工精湛，音质好。他用它将之前的吹奏方式改为对子二台唢呐合奏，大大提高了吹打的技艺水平。师传班头为邓家村的杨仆然，庙树村的向义云、刘志云。

第三代：向义云，金桥庙树村人。向义云自幼痴心学习吹打艺术，创立了小花曲牌、老二牌鼓。师传班头为南桐镇峡口坝的霍本全、霍本江，南桐镇金兰坝的霍海全，青山村的向紫钦。

第四代：向紫钦，金桥青山村人。向紫钦生于1906年，自幼机灵、能干、好学。他拜祖父为师，在16岁时就已经学会竹编、雕刻、木工及唢呐、鼓加工。向紫钦还对民间吹打乐产生了浓厚的兴趣，确定自己为班头，组织家周围的好友封少全、赵少州、封树情和同族宗人向银佐、向银章拜本社的民间吹打高师赵纯堂为启蒙师，学习民间吹打艺术。学艺两年后，向紫钦拜庙树村民间吹打高手向义云为师，深造民间吹打艺术，接受高师的良好传教。1932年，26岁的向紫钦除有精湛的竹编、漆匠、雕刻和木工手艺外，也有高超的民间吹打技艺和制作加工唢呐、鼓的技术。在短短的十年中，他带领乐班与民间吹打高手罗泽宽、彭海云、龚明成、代炳清等“比武”，切磋民间吹打技艺，取人之长，补己之短。每次“比武”都获得老百姓的赞扬和同行的称赞。农闲时，他加工唢呐出售到綦江、南川、巴县（今巴南区）。他在做竹编、漆匠、雕刻和木工手艺的同时，也靠收徒弟传授吹打技艺等来增加自己的收入。他改革创新器乐、改革创新曲牌，为金桥吹打乐的发展做出了巨大贡献。

祖传班头有：向仕卫、向仕平、向仕林、向仕禄。唢呐、鼓的加工传人：向仕林。

金桥地区的师传班头有：侯德义、翁庆华、杨福能、向兴才、陈光文。

其他地区的师传班头有：万盛万东的刘应华，綦江莲石的杨国义，綦江可乐的周树华、李应才、吴银海、梁光华，巴南石滩的唐树民，南川南平马房街的杨文，南川石莲的淳贵友、喻朝阳。

中年的向紫钦拥有漆匠、雕刻、竹编、绘画、吹打和唢呐加工等多种手艺，他的吹打技艺和漆工技术造诣非常深厚，一边走南闯北传授手艺，一边收集、整理并撰写了1万多字的金桥民间吹打乐谱。可惜的是，这些珍贵的资料现已丢失。

第五代：翁庆华，金桥马头桥村人。自幼具有音乐灵感的翁庆华向有着高超民间吹打技艺的向紫钦学习吹唢呐。他凭着坚韧不拔的毅力，虚心好学，博采众长，扬长避短，为金桥民间吹打乐“马风派”的推陈出新做出了杰出的贡献。金桥吹打从20世纪50年代末开始走上大雅之堂，1958年秋整理的《闹春耕》获市农村文艺调演一等奖、四川省二等奖，被推荐到北京参加演出，从四川成都吹打赛上载誉而归。1959年整理的《蛟龙翻身》《蜜蜂围着菜花飞》，1961年改编的《庆元宵》，1964年改编的《春到养鸡场》，1984年改编的《庆丰收》，1985年整理的《快乐的山村》分别获得市、区文艺演出奖。1989年，翁庆华带领师兄、师弟和徒弟参加重庆市第二届雾季艺术节“三庆”活动开幕式，以八吹十二打的整齐阵容，委婉、抒情而又热烈奔放的演奏响彻山城大街小巷，给“三庆”活动增添了热烈、祥和、喜庆的氛围，受到好评。1990年改编的《喜鹊牌》，在首届南桐艺术节上评为优秀节目。

翁庆华曾应邀到巴南为民间吹打艺术团指导吹打技艺。

金桥地区的师传班头有：张光华、陈光燕、刘绪江、封先华、李光金、张仕合、刘正德、张登阳、向武金、梁隆元、徐才林、霍学礼。

其他地区的师传班头有：万盛万东的霍登明、霍仁柄，万盛南桐的霍之林，万盛丛林的吴小双，綦江的张书红，巴南的唐佐能。

1987年，翁庆华加入重庆市民间艺术家协会。

1994年10月，翁庆华被重庆市文化局授予“重庆市民间艺术家”称号。

1999年11月，翁庆华被重庆市文化局授予“巴渝优秀民间艺术家”称号。

第六代：张登阳，金桥青山村人。徐才林，金桥三台村人。

三、生态描述

“马风派”金桥民间吹打乐起源于明末清初，至今已有300多年的历史，经过历代民间吹打艺术家的传承、提炼、发展，形成了独具特色的艺术特点及特征。

(一)金桥吹打乐的曲牌特点

第一,大部分曲牌保留着传统的五声徵调式特点,如《哪里哪里抬起来》《花大姐》等。第二,曲牌具有古朴、原始特点,如《将军令》《鸡公调》。第三,部分曲牌具有高亢、细腻的思想感情特征,这与当地地域特征(高山)和几千年的传统习俗的历史积淀分不开,如《沈华山》《接马锣》《九牛星》等。第四,整个曲牌采用的是"郎当词"记谱,这是我国记谱方式所罕见的。第五,吹奏曲牌不叫吹"音",而叫吹"字",曲牌里的"字"代表一种音高。第六,曲牌吹打形式分为"花灯""大曲牌""朝牌""宫堂""品打""挑打""散打""干打""夹打""挑散打""竹叶吹奏""口哨"等。第七,吹打曲牌类别分为以下几种。(1)喜庆类:在生日、结婚、新房落成等喜庆场合产生的曲牌。含花灯类曲牌、婚嫁类曲牌、竹叶类曲牌、宫堂曲牌、朝牌。(2)生产生活类:在生产劳动中产生的曲牌,如《采桑调》《青山水落音》等。(3)丧事类:逐渐流传下来的丧事丧礼中所用的曲牌(含唱腔、吹奏、干打曲牌等曲子)。(4)民间传说类:如《上山东》《下山东》。

(二)金桥吹打乐的吹奏特点

第一,吹奏中具有特殊的换气法。金桥吹打乐有着特殊的气息运用方法,也是中国罕见的。在金桥吹打乐传统曲牌中,一个乐句常常长达两分多钟,有的超过了五分钟,而吹奏者能用特殊的换气法,将乐句连续不间断地完成。第二,能够吹奏出多种动物的叫声,尤其是鸡、鹅、牛、犬、马等动物的叫声。第三,吹出的曲调高亢、细腻,音域宽。筒音作"5""1"较多。有效音准只有"9"度。第四,金桥吹打乐在吹打中具有音正节稳、音质纯洁、不含混拖拉、音域宽、音量大、力度厚、音色明快、穿透力强的特点。

(三)金桥吹打乐的价值

具有上述特征的金桥吹打乐,在整个巴渝吹打乐中占有特殊地位,是巴渝吹打乐的一颗璀璨明珠,也是巴渝地区的优秀民间音乐文化和古老遗存的文化瑰宝。挖掘、抢救、保护、振兴金桥吹打乐,其价值主要有两点。

一是学术价值:(1)金桥吹打乐风格、派别独特。金桥吹打乐在中国古老音乐史中,不同于陕北、鲁南、河北、苏南等地的吹打乐。唢呐声酷似"马啸"声,鼓响犹如马奔跑时清脆的"得格斗"马蹄声,曲至高潮时,有如万马奔腾之势。"马啸"与"马蹄声"共鸣,"马风派"风味十足。"马蹄阵阵,马声昂扬;青山吹打,荡气回肠",这是1993年音乐专家对"马风派"金桥吹打乐演奏风格的高度评价。(2)记谱方式独特。整个曲牌采用的是"郎当词"记谱,这是我国比较罕见的记谱方式。吹奏曲牌不叫吹"音",而叫吹"字",曲牌里的"字"代表一种音高。(3)可以为研究古代唢呐加工的文明史提供鲜活资料。(4)发掘、抢救和保护金桥吹打乐,有利于更好地研究中国音乐历史和古老音乐文化,对弘扬中华民族的民俗民间文化有着重要的学术价值。

二是实用价值:(1)发掘、抢救和保护金桥吹打乐不仅有利于传承和弘扬中华优秀传统文化,而且有助于万盛乃至巴渝地区的精神文明和社会文明建设。(2)促进文旅融合发展。万盛有丰富的旅游资源,境内的黑山谷(含龙鳞石海景区,即"万盛石林")为国家AAAAA级景区,将金桥吹打乐融入景区文化建设中,有利于促进文化和旅游融合发展,推动旅游经济的繁荣。(3)助推群众文化发展。金桥民间吹打乐自古就是贴近群众的艺术形式,深受人民群众的喜爱,其鲜明而独特的艺术风格、粗犷豪放的气势、优美动听的旋律,传递着百姓的喜怒哀乐,融入人们的生活里,融入人们的灵魂中,有着广泛的群众基础和深厚的文化底蕴。发掘、抢救和保护金桥吹打乐,对于丰富群众文化生活,提升群众文化发展水平具有重要意义。(4)不断满足人民对美好生活的新期待。不断提高生活品质,丰富精神文化生活是广大人民群众的热切期盼。金桥吹打乐是人民群众喜闻乐见的传统文化艺术,保护好、传承好、发展好这一艺术形式,是贯彻以人民为中心的发展思想的必然要求。

(四)有效发展金桥吹打的主要做法

发掘、抢救和保护金桥民间吹打乐,制订五年保护计划。此计划由金桥镇党委、政府负责组织实施,万盛经开区文化旅游局负责管理、督导,重庆市非物质文化遗产保护领导小组和文化、文旅委负责检查、督促。保护计划要点如下:

1.无形资产保护

第一,抽调人员,成立非物质文化遗产保护领导小组,制订切实可行的保护方案。

第二,依据方案全面细致地开展普查工作,彻底摸清金桥吹打乐的起源、传承、发展和历史沿革,以及乐班、乐手、乐器、曲牌、器乐加工等全部状况,将普查所获取的资料进行挖掘、整理、归类、存档。

第三,聘请专家和民间艺人深入开展金桥吹打乐的理论研究和保护传承实践工作。一手抓好金桥吹打乐的基础理论研究,一手抓好金桥吹打乐风格、曲牌记谱方式的整理研究。尤其是要加强对"花灯""大曲牌""朝牌""宫堂""品打""挑打""散打""干打""夹打""挑散打""竹叶吹奏""口哨"等吹打形式的研究,并把研究成果撰写成文本。

第四,注册品牌,形成对金桥吹打乐知识产权的有效保护。

2.有形资产保护

第一,以金桥吹打乐为载体,建立民间吹打乐艺术活动中心,解决金桥吹打乐艺术团活动场地和成人职教场地问题。建立吹打乐陈列室,展览各阶段的唢呐、鼓等发展演变史。

第二,发展金桥民间吹打乐,建立200人、20个吹打乐班的农民及女子业余吹打乐团。

第三,在全镇小学、初中开展吹打乐教学,为吹打乐发展注入新活力,着力解决在市场经济条件下金桥吹打乐传承发展后继无人的问题。

第四,制定扶持金桥吹打乐传承和发展的政策,建立以金桥吹打乐为主要内容的艺术研究、人才引进和艺术展示的平台,从而提升金桥民间文化之乡和吹打艺术的档次。

第五，依托万盛的旅游资源，以现有的器乐加工的人才资源为骨干，创办以吹打乐器加工和以吹打艺术演出为内容，为人民群众的婚丧嫁娶、礼仪交往、商务活动、节日庆典等提供服务的文化服务公司，促进旅游经济和文化产业融合发展。

第六，设立金桥民间艺术节，促进吹打乐艺术的传承和发展。

（五）金桥吹打乐发展中存在的主要问题

1. 社会对农民乐队的认可度问题

农民乐队的发展和生命力在于能植根民间，受到广大农民群众的欢迎，极力地丰富和活跃群众的文化生活，成为群众文化的重要组成部分。但在现实中，城乡一体化，社会快速发展，使得农民乐队的发展受到一定限制。

2. 队员培养问题

从目前来看，口传心授的方式具有局限性，其中还有个人风格问题，不能够十分准确地传承老一代艺人的技艺精髓。

3. 市场竞争力问题

农民乐队正面临着演出市场的严峻考验，城乡现代化进程的急速发展，改变了以往的风俗；随着农村经济的发展和农民生活水平的提升，群众的文化需求日益增长，文化欣赏水平也在日益提高；城市化进程的加快，使农村男女青年的就业门路不断拓宽，专业队员不足。对此，缺乏应对良策。同时，在演出质量、演出曲目等方面还缺乏创新。

总之，我们要通过文化资源优化配置，积极探索演艺市场新路子。鼓励现有各农民乐队按照自主经营、自负盈亏的经营原则，积极拓展城乡演出市场。此外，要建立开放型的文化艺术教育培训体系。充分利用本土人文资源和乡镇文化站等场所，结合市场经营与民间运营形式，发展文化艺术教育产业。以乐器、舞蹈、书画等文化艺术教育为发展重点，充分激发少儿艺术教育市场潜力，丰富成人业余文化生活，逐步形成一批艺术培训项目和艺术培训基地。

四、保护对策

抢救和保护金桥吹打乐是一项十分艰巨和繁杂的文化工程。实施保护工作，应以群众的艺术生活为平台，不仅要注重金桥吹打乐的群众性、娱乐性、实用性等功能，更要把培育金桥吹打乐传承人作为主要目标，使之具有无限的生机，生在民间、活在现代。具体的保护措施如下。

（一）树立正确的保护理念，强化自我意识和危机意识

要做好对金桥吹打乐的保护工作，需要更多的当地人参与，形成政府和群众认同的合力，树立正确的保护理念，强化自我和危机意识。所谓树立正确的保护理念，就需要不断加深大众对民族音乐文化的认识和理解，加大弘扬民族音乐文化的力度和投入；就需要在当前全球化背景下，把我们祖祖

辈辈创造的优秀民族音乐文化传统的根留下。所谓强化自我和危机意识，就是要增强保护、传承、弘扬民族音乐文化的“自我意识”和保护传承金桥吹打乐的“危机意识”，使人们普遍形成保护民族音乐文化的自觉意识。金桥吹打乐承载着重庆万盛人民文化传统的记忆，是民族音乐文化和地域音乐文化认同的重要标志，是该地域优秀传统音乐文化的重要载体。金桥吹打乐是地域民族音乐文化的代表，我们还应将其推广到该地域的中小学音乐教育当中去，培养能够欣赏金桥吹打乐这一传统表演艺术的观众，提高中小学生对优秀传统音乐文化的鉴赏力，使其能更好地承续优秀民族音乐文化的传统，弘扬民族文化精神，促进中华民族文化建设。

（二）加强保护传承主体，培育一代传承后人

目前，金桥吹打乐队成员笼统算起来虽有百余人，男女老少皆有，但是其中真正得到真传的人少得可怜，可谓后继乏人。随着时间的推移，许多老的金桥吹打乐艺人，由于年龄和身体的原因相继离世，他们身上所积累的高超的技艺、罕见的绝活、独到的艺术表现手法等，都是富有无限艺术创造力的智慧与无形的精神因子，也会随之消亡。又因为金桥吹打乐的主要传承方式是口传心授，对传承者的依赖性较大，若传承者突然离世，或无徒可收时，传承者所拥有的这门技艺就有可能失传。加之要学好一门传统的音乐技艺需要下苦功，受学习难度高、强度大、耗时多、收入低等因素的制约，许多年轻人望而却步。因此，国家要出台相关的政策与法律，各级政府也要制定出与之相应的各种条例或意见，加大培养和保护传承主体的力度。当然，传承主体也应有开阔的胸襟和开放的意识，改变过去固守秘密的狭隘做法，扩大带徒传授范围，要千方百计地把那些愿意学、有灵气的年轻人聚在自己周围，培养出更多的合格继承人，使金桥吹打乐的技艺、技术能发扬光大。与此同时，我们还要对民间口传心授的传承方式进行不断的革新，积极展示民间艺人的艺术创作力，扩大金桥吹打乐的影响，使更多的年轻人对金桥吹打乐产生兴趣，从而有效地培育一代传承人。

（三）完善各类保护机制，制订相应保护对策

第一，立法保护。这是对金桥吹打乐保护的根本保障。健全相关的法律、法规，使保护工作有法可依、有章可循，并促使其有序地向前发展。第二，建立机制。建立科学的管理机制，制定切实可行的政策。加大管理的力度，缜密规划、精心组织、精心实施，有步骤地保护金桥吹打乐这一音乐品种。第三，教育宣传。加强宣传教育，重视专家指导和人才队伍建设。通过新闻媒体，加强舆论宣传，调动广大群众的积极性，强化民众的保护意识，大力促进民间艺术的原生态传承。在广大青少年中加强优秀传统民间文化的教育，以加深学生对优秀传统民族文化和乡土文化的认识与理解。将传承和弘扬民族民间文化艺术与学校教育有效结合，编写具有地方特色的音乐教材，将金桥吹打乐引入学校教学体系中。第四，增加投入。加大财政投入，广开财源，采取政府拨款和民间赞助的双向对策。第五，有效保护。采取系统科学的方式，在保护中增强文化安全意识。我们应该收集整理资料，建立完整的资料数据库；制定和落实相关政策，加强对金桥吹打乐的开发、利用和管理；保护文化生态环境，建设文化生态保护区；建立金桥吹打乐的知识产权保护制度。第六，增进交流。既要增进省域内、国内的文化交流，也要加强国际交流。采取“走出去、请进来”的方法，给金桥吹打乐不断注入新鲜的活力。金桥吹打乐是重庆民间音乐文化中最具有代表性的乐种之一，是在当今重庆万盛还广泛流传的民间器乐乐种，它仍存活于当代，这本身就彰显出它具有顽强的生命力。历史证明，任何一种艺术的产生、发展、承续和繁衍，不仅要依赖其深厚的社会文化环境、相应的物质条件，也要不断培养更多的懂得和喜爱这种艺术的大众。

土家民族女英雄的精神书写
——长篇历史小说《秦良玉》的艺术特色

向笔群
（铜仁学院）

【摘要】秦良玉，是土家族的民族女英雄，在明朝后期，为捍卫祖国的统一，率兵北上，抗击后金，为中华民族的统一做出了巨大的贡献，后来承袭土司宣抚使、掌握一方军政大权。长篇历史小说《秦良玉》，就是以秦良玉这个历史人物作为蓝本，书写了她身上的民族精神。

【关键词】秦良玉；土家民族女英雄；精神；书写

秦良玉是土家族历史上的民族女英雄。长篇小说《秦良玉》的创作，无疑是孙因写本民族历史英雄的一次创作的突破。《秦良玉》最早由四川文艺出版社以"中国农村文库"丛书的形式，将原来的40万字压缩到20万字，分上、下两册出版，初版的书名为《女帅秦良玉传奇》。2000年，四川文艺出版社又以完本的形式出版了这部小说，书名更名为《秦良玉》，该书当年获重庆市首届少数民族文学奖。

从客观上说，《秦良玉》是一部具有爱国主义的历史小说。小说叙述了明朝天启元年(1621年)，石柱土司马千乘的遗孀秦良玉率3000名土兵北上抗击努尔哈赤的故事。小说塑造了秦良玉这个民族女英雄的光辉形象。小说中的秦良玉在历史上确有其人。根据《石柱府志》《明史》等资料记载：秦良玉生于1574年，死于1648年，忠州(今重庆忠县)人，20岁左右远嫁给石柱土司马千乘，26岁开始带兵打仗。《明史·秦良玉传》一文有曰："良玉为人饶胆智，善骑射，兼通词翰，仪度娴雅。而驭下严峻，每行军发令，戎伍肃然。所部号'白杆兵'，乃远近所惮。"她所率领的土兵，所到之处"秋毫无犯"。单从官方的记载看，她是一位具有民族精神与气节的民族女英雄。

1613年，秦良玉的丈夫马千乘死之后，她承袭了土司宣抚使，掌握一方军政大权30余年之久，曾累官至太子太保、中军都督府左都督、总兵等，被封为"忠贞侯"。在中国古代历史上，女性封侯的微乎其微。而秦良玉就是其中的一个。

秦良玉的功绩在于她的三次北上抗金。

第一次是1620年，秦良玉与长兄秦邦屏率军北上抗金。在此次抗金斗争中，他们率兵在沈阳的浑河附近与努尔哈赤的后金军作战。

第二次，秦良玉率“白杆兵”出关，奉命镇守山海关。山海关属于北京的咽喉，可见当时明朝政府对她的倚重。

第三次是崇祯二年（1629年）十一月，清军皇太极进攻北京，直逼德胜门，全国一片哗然。崇祯皇帝诏谕各地举兵勤王。当时的秦良玉刚平定奢崇明叛乱回到石柱，再次请缨，率军北上，日夜兼程，抵达北京郊外，让那些坐镇北京观望的几十万援军为之动容。崇祯皇帝在平台赐诗奖励。

秦良玉作为一个少数民族的女性人物，在特定的历史背景下表现了爱国主义精神，这在当时确实是难能可贵的。连崇祯皇帝也为之感叹：世间多少奇男子，谁肯沙场万里行？当国家面临危亡的时候，不少人苟且偷生，而秦良玉却放弃了自己的舒适生活，毅然率军出征去维护国家的利益，理所当然在历史上受到了后人的褒奖，这是无可厚非的。

在秦良玉的人生历程中，她最大的功绩就是维护国家的统一。如1621年，永宁（今四川省叙永县）土司奢崇明起兵叛乱，四川按察使孙好古、重庆知府章文炳等人被杀，蜀王和布政使朱燮元在成都面临被进攻的危急时刻，向秦良玉求援，秦良玉义不容辞地亲自率领“白杆兵”驰援成都，历经数次血战，最后保住了成都与重庆。由此可见，秦良玉为维护中华民族的统一做出了不可磨灭的贡献。对于历史人物，我们要从其所处的历史时期出发，用辩证的态度去看待。秦良玉还曾与张献忠的军队作战，打败过张献忠。站在当时的历史语境下去考察她的人生轨迹，不难发现秦良玉身上坚决维护国家统一的爱国主义精神。到了南明时期，她仍然接受南明的封号，还欲起兵恢复明朝。然而由于历史的现实性，她的愿望成了历史烟尘。但是，她在临终的时候，仍然不忘保境安民，给自己的孙子马万年留下了退守万寿山，保护石柱民众安全的遗命。在秦良玉的一生中，她始终把爱国主义作为自己的生命支柱，她的身上一方面具有传统的女英雄的痕迹，另一方面也体现了历史人物的传奇色彩。

孙因作为一名土家族作家，为自己民族的女英雄作传，其历史文化意义显而易见：既是抒发对本民族女英雄的敬仰之情，也是对自己民族历史的文化梳理；力图用秦良玉身上的爱国主义精神来唤起人们对于自己民族历史英雄的热爱，让一个在历史上为民族、为国家做出巨大贡献的民族女英雄不被历史遗忘。

小说开篇从看似与秦良玉无关的抗战时期的重庆写起，以郭沫若写纪念秦良玉的诗歌作为切入小说的楔子，之后才引出秦良玉的北上抗击后金，也就是秦良玉第一次率领“白杆兵”北上辽东抗击后金的历史为写作元素。这次带兵的主要是她的哥哥秦邦屏，秦良玉作为一个女土司当然也在其中。小说的关键又在于细节的处理，秦良玉作为一个历史人物，如何表现历史人物，成为小说创作中十分重要的问题。如她与儿子马祥麟之间的对话表现出了一家人忠贞爱国的情怀。

儿子很固执：“阿妈谆谆教儿熟读岳少保的《满江红》、文丞相的《正气歌》，抗击……流芳白世。努尔哈赤不正是女真的后裔吗？”

从中可以看出一个传统土司家庭报效国家的人文精神传承。事实上，本来朝廷对马家及秦良玉是有亏欠的：秦良玉的丈夫马千乘冤死在云阳的狱中。然而，在国家处于危急关头之时，秦良玉作为一个女性能放下家仇，把国家的利益放在最重要的位置，这也是土家族女性最让人敬佩的地方。同时，秦良玉在夫死之后世袭土司，也受到当时家族的非议。在这种情况下，她能毅然抛下家事，北上御敌。

小说中秦良玉把花木兰当作自己心中的偶像，花木兰代父从军，秦良玉代夫从军。作品没有把秦良玉作为一个完人来写，而是通过人性的书写，毫不回避地写到她在肉体与心灵上所受的双重苦痛：作为一名四十出头的女性，秦良玉除了考虑战事，同时还要防止丈夫的堂弟马霖的骚扰。马霖是马家内部的一个无耻之徒，陷害自己的堂哥，目的就是想将秦良玉霸占。在复杂的形势下，秦良玉一方面要保证自己的生命安全，另一方面要替自己的丈夫报仇，同时还要为国家效力。此外，她在辽东战场上还面临着被汉奸暗杀的危险。纵观中国的历史，每一次国家遭到外敌入侵的时候，一些汉奸与敌人狼狈为奸，千方百计地陷害忠良以达到他们不可告人的目的。熊廷弼作为一名抗金的将领，却遭到了暗算。小说中通过秦良玉的视角对熊廷弼进行了十分精彩的描写：

良玉举杯，她看见这位曾威震辽东，努尔哈赤也惧怕的虬须高长汉子，大眼里饱含泪水。对熊廷弼的崇敬，她是从张铨的书信中洞悉的，前年，开原、铁岭大战，名将刘铤、杜松战死，熊廷弼受命代杨镐为辽东经略，单骑奉尚方宝剑出关，坐镇辽阳……然而，他耻于结交权贵，贿赂那些靠弹劾将帅为职业的御史、给事中。而他被诬奏"拥兵十万，靡饷劳师，使东虏得以坐大"，他是性如烈火的人，上表乞罢……

"大帅不必烦恼，新皇登基，据传已有起复之意。"

良玉的安慰，反而激起了熊廷弼的愤慨："贞素亲家，看到近日的塘报了么？"

良玉摇头："辽东战事……"

在中国历史的进程中，总有一些忠贞爱国的仁人志士，受到诬陷与迫害，使他们的报国之志掩埋在历史的尘埃中。小说也写到阉党魏忠贤陷害忠良的细节。而那些为国为民的仁人志士却始终以国家的利益为重。秦良玉取得辽东大捷，受到皇帝陛见，其实就是封建时代的一种最高礼仪。但是这也受到魏忠贤的百般刁难。魏忠贤跺脚的细节就表现出了奸人的一种心态。同时，还有害死马千乘的宦官邱乘云，安排女儿邱凤在襄阳暗杀秦良玉。但是，邱凤与自己父亲的认识大相径庭，作为一个女性，在当时的历史背景下，能有这样的个人认识，难能可贵。

秦良玉毕竟是一个历史人物。如何处理好历史人物与作品人物之间的关系，是历史小说创作中最为棘手的问题。优秀的历史小说就是通过历史人物的命运书写，表现出历史人物的艺术形象，让历史人物达到一种审美高度。长篇小说《秦良玉》就是以秦良玉三次北上抗金与一次平叛为小说的主要线索书写的，以时空交错作为写作特色。小说采用一些中国传统小说的书写元素，往往具有一种传奇的色彩。如小说中的飞刀女侠与秦良玉的儿子马祥麟之间的恩怨情仇等，让人目不暇接：

人世间的恩仇，按照佛家的色空观来解释，“恩即是仇，仇即是恩，恩中有仇，仇中有恩”。谁能脑后长眼？谁能游遍地府天堂，洞察人间的善恶？良玉生逢乱世，目睹尔虞我诈，征战杀伐，忠奸不分，是非颠倒，她真想昂首问天：四维八德何在？

作品中秦良玉对“恩仇”的解读，有一种大彻大悟的感觉，同时也有一种无可奈何的心态。秦良玉作为一个有七情六欲的人总不能脱俗，这种心态的出现十分正常。人本身就是一个矛盾体，具有人性双重性。在秦良玉的人生轨迹中，她长期处在征战的岁月，本来不属于她的战场厮杀让她产生某种生命感叹也是合情合理的。孙因在作品中用佛家的思想来解释秦良玉的人生感悟，给小说增添了一种神秘感。沈从文认为：“不管是故事还是人生，一切都应当美一点！丑的东西虽不全是罪恶，总不能使人愉快，也无从令人由痛苦见出生命的庄严，产生那个高尚的情操。”[①]孙因在《秦良玉》中，一方面用秦良玉抗击后金与平定叛乱的故事表现一个民族女英雄的爱国主义精神，另一方面从人生的角度解读了秦良玉痛苦而又辉煌的人生历程。与其说是写一个少数民族女英雄的故事，不如说是对一个历史时期的民族女英雄的生命意识的理性的考察。他表现的是一种“人生的形式”，一种在特殊历史时期的一个民族女英雄不悖人性的真实的人生形式。

小说没有把秦良玉塑造成“高大全”的人物形象，而是将她作为一个女性人物的人性与其身份角色融合在一起。朝廷的内斗，各色官员的无能，让一个女性成为一个国家的仰仗，其实是一种悲剧。秦良玉首先是一个女人，然后是一个女土司，之后才是一名抗击后金的将领。当一个政权即将垮塌之时，在战场上对一个女性比较倚重，从侧面来说也是一种无奈与可悲。作为一名带兵的女性将领，秦良玉已经认识到了这个比较深刻的问题，而且在表达自己的内心世界时也毫不隐瞒。在当时，批评朝廷是最大的忌讳，而秦良玉却敢于直面现实，这需要一种极大的勇气，她的身上颇有大将风范。

当下的历史小说写作出现了不少弊病：比如故事情节胡编滥造，没有在历史人物的人生轨迹刻画上下功夫。而孙因在历史小说的书写中，一方面对人物进行了多重性的建构，另一方面又力图表现历史事件的真实性，通过艺术手段表现历史进程中的和谐与不和谐的音调。如邱凤救秦良玉的细节：邱凤是邱乘云的女儿，本来是其父亲派去刺杀秦良玉的，相反却救了秦良玉，表面看来有些不可思议，但是在大是大非面前，邱凤选择了后者，表现出一个女性的良知。同时，孙因还在小说中虚构了邱凤与秦良玉的儿子马祥麟的一段恋情。而邱乘云不仅陷害了秦良玉的丈夫马千乘，同时又陷害了她的儿子。一个顽固不化、无恶不作的宦官形象让人过目不忘。女儿与父亲人格的对比可见一斑。比如：

邱凤的心像掉进了汪洋大海，香甜的糍粑味同嚼蜡，苦苦的追求落空了，阿弟将离她而去，和一个不相识的女子并肩携手，共枕同床。过去曾听老父说过，秦良玉和张铨是亲家，她也于嬉笑时问过阿弟，张家的凤仪，是从小定的亲。她的心踏实了，脸上挂着甜笑，真想说：“阿弟，你是我的……”耐心，别性急，凭自己的姿容，武功，会征服阿弟的，当务之急是博取阿姑的欢心。唯一忧虑的是她有一

① 沈从文.《看虹摘星录》后记[M]//沈从文选集(第五卷).成都：四川人民出版社，1983：242-248.

个太监老父，看得出来，阿姑对老父耿耿于怀，老父对阿姑视若仇敌，正在执行魏厂公的密令，无聊，她要规劝老父，得饶人处且饶人……

这一段有关邱凤的描写，很合乎人性的书写。邱凤作为一个情窦初开的少女，放弃了父亲交给自己的所谓的“任务”，而相反与秦良玉的儿子产生了一种不舍之情。作家在小说中设计了这样一个细节，让人感到人性在历史人物中的一种复苏。此外，小说中也写到了秦良玉的儿子的人生困惑，也比较合乎人性。

同时，也不难看出马祥麟在爱情方面的无助与无奈。在中国古代历史上，不少的才子佳人都是奉父母之命而结婚的，没有真正的爱情作为基础。秦良玉的儿子也不例外。何况是在当时抗击后金的战事之中。从小说的描述中，我们既能看到秦良玉内心深处对儿子的理解，也可以感受到封建婚姻制度的强大力量，同时还不难发现秦良玉的深谋远虑。她知道邱凤背后的问题，而且认识得十分透彻。

小说中也有邱凤跟随马祥麟去山西的情节。显然她这样做有两个目的：一个是为了她自己，另一个就是盗窃马祥麟的黄金甲。但是，爱情的力量，让邱凤放弃了自己的“任务”。从人性的角度来看，这有一定的真实性。面对爱情，每一个男女都会受到真实的心灵驱使，邱凤的表白，其实就有一种人性的因素在其中。在封建时代，男女地位极不平等，女性通常是男性的附属，往往是嫁一人而从之。至于追求自己真正的爱情，往往只是存在一些故事与传说中。邱凤作为一名具有一种特殊背景的女性，在当时的历史语境下，显然对爱情的追求也没有什么结果。但是就是由于爱，她放弃了所谓的“特殊使命”，并在关键时刻，救了秦良玉母子的命。这单从故事上来看似乎有些牵强附会，但是从人性的角度来理解，邱凤是一个人性尚未泯灭的人，因此也完全有这样的可能。小说就是把历史或者现实生活中的某些不可能与可能展示给读者，让读者产生思考。

孙因的小说历来讲究故事的奇特性，常常是大故事中又套小故事，即“家国一体”。《秦良玉》表面是写秦良玉的三次出征与一次平叛，但是把秦良玉的家事与国家大事联系在一起。在中国历史与世界历史上，一个家庭的命运往往也是与国家的命运联系在一起的。在明朝后期，除了后金的南下，还发生了一连串的农民起义，小说中没有回避这个问题。秦良玉作为一名少数民族的地方土司，理所当然要以社稷为重，自己存在的最大价值就是效忠于朝廷，建功立业。

小说中的秦良玉与传说中的秦良玉有一定的差异。传说中更多的是关于这位女民族英雄的征战故事与爱国功绩。而小说中除了描写秦良玉数度的征战之外，还写了她的喜怒哀乐。作为一个生活中真实存在的人，不可能像传说中的那样具有一种神性的光芒。

良玉压抑的思绪突然爆发：“你明白什么？东猜西疑，我能舒服么？一个女人，抛头露面，苦苦撑持，南征北战，死里逃生，赞我者巾帼英雄，为国为民，毁我者寡妇难耐，卖弄风骚，有谁听到我漫漫长夜中的饮泣？有谁看到我在窗下徘徊，苦吟低唱？儿子么？你么？重庆血战，如果不是来狩——罢了，喂汤换药，人之常情，你嘀咕了？眼红了？嫉妒了？你这没有心肝的……”

这是秦良玉对自己的随从伴玉说的几句话，表面上看似乎是在发牢骚，实际上道出了一名长期征战女帅的心里话，凸显人之常情。作家没有神话这位民族女英雄，而是从人性的角度来剖析她的心灵世界。这反映出了一个女性处于征战时期的心路历程。其中，一方面有保卫社稷的家族优良传统，另一方面也有她作为一名女性的生理乃至心理上的痛楚。作为一个女性，秦良玉尽管有爱的追求，但是又有一种无法抗争的精神枷锁。

秦良玉还向随从透露自己的心迹，更凸显了小说人物的真实性。把人性、人情都融入作品之中，秦良玉有血有肉的人物形象才臻于完美。作品从多角度、多层面来表现秦良玉的人生。如儿媳凤仪眼中的婆母是这样:婆母是巾帼英雄，名扬天下。小说中的秦良玉有丧夫之痛、有丧子之痛，而她得到的奖赏就是皇帝的赠诗，她在此时也有一种复杂的心理。作家入木三分的心灵刻画，显示了秦良玉作为一个女性的内心世界，性格的“多重性”构成了她的心灵世界。秦良玉作为一名民族女英雄，三次北上抗击后金，保护国家的利益，同时也参与内地平叛，维护国家的统一，这足以让她彪炳青史。作家书写秦良玉的目的是表达爱国主义的思想，弘扬民族的正能量。对于作家而言，民族意识与民族精神表达是民族英雄书写的一种重要形式。

民国黎水女子职业学校在社会背景下的教育功能、特点和价值

彭一峰
（重庆市黔江区文物管理所）

【摘要】开明士绅田纯卿等于1942年牵头创立的黎水女子职业学校，现为重庆市市级文物保单位，当时为地方和国家培养了一大批有知识、有文化的男女青年。本文从社会背景角度分析它的教育功能、特点和价值，以期对它有一个全面的认识，为今后的文物保护工作提供参考和支撑。

【关键词】女子职业学校；教育功能；特点；价值

黎水女子职业学校旧址为民国时期在黔江和渝东南地区富有时代特色的重要文化教育场所和基地。这所学校的建筑规模不是很大，学生人数不多，办学时间也仅有八年，但对当时地处偏远山区、积贫积弱的黔江县来说，它的影响力和象征意义十分深远：对于偏远山区女子的思想启蒙和文化教育发挥了巨大的作用，为偏僻山区的文化教育拓展了新的学生群体——女学生，标志着黔江开始重视女性这一新的社会观念的萌芽，反映了一种冲破封建传统观念束缚的历史性转变。2019年2月，该校旧址被重庆市人民政府列为第三批市级文物保护单位。

一、基本情况

黎水女子职业学校又名“新学堂”，由田纯卿等开明士绅于1942年创办。田纯卿原为四川军阀杨森手下的一个旅长，因思想长期倾向于中国共产党领导的革命，后来毅然离开杨森的军队，回到家乡黔江办学，以求教育救国。据说此人十分开明，不以财富骄人，不恃强凌弱，其政治影响力超越了当时黔江的最大地主罗炳燃。1949年后，田纯卿被评为“开明人士”，未因在国民党部队的一段经历而受到牵连。当时他牵头创办的学校还有两所，一所是黔彭联校，又名“武陵中学”；另一所是黎水保国民学校。这两所学校培养了许多人才，新中国成立后，他们奋斗在各行各业岗位上，为国家建设做贡献。

黎水女子职业学校创立以来，办学八年，以招收女生为主，同时也兼收男生。生源主要来自黔江本地，也有来自湖北利川等地的学生。其办学宗旨是培养有知识、有文化的有志青年，报效祖国。

虽名为职业学校，但与现在的职业学校不同，实际相当于现在的一个中学。主要开设基础文化课程，如国文、算术和自然等课程，教学以自然科学为主。

黎水女子职业学校旧址位于重庆市黔江区黎水镇竹园村（图1），现为竹园村小学校，距黔江城区约95千米。该校占地2500平方米，建筑面积1207平方米。学校坐东北向西南，木结构，平面呈“工”字形，一楼一底亮厅式建筑。穿斗式梁架，单檐歇山式屋顶，青瓦覆盖，石质柱础，朱红板壁，几何形门窗，通光良好。由前厅、后厅、亮厅、操场、天井等组成，其中房屋16间，天井2个，前厅与后厅形制、大小一致。

图1　黎水女子职业学校全景

1. 前厅

前厅（图2）有房屋8间，分为上、下二楼，底楼总面阔6柱5间26.1米，进深8.3米，通高4.2米，每间房屋形制一致，呈长方形状。其中明间长8.3米，宽5.7米，与亮厅相通，作为休闲娱乐活动场所。次间和梢间大小一致，长8.3米，宽5.1米，作为教室使用。左、右两端及厅前正面柱下有龙鼓石柱础12个，形状有抱鼓式和长方体两类。明间底楼上未设楼房，只有次间和梢间与底楼相对应，其形制、大小与底楼教室相同，也作教室使用。二楼梢间的左、右两侧各有一个凉台，供师生休息之用。前厅上、下两楼共设有32扇窗子，窗上雕有圆形、椭圆形、方格和三角形等图案，雕工细腻精湛，线条流畅，室内明亮宽敞。在明间两侧原设有从底楼到二楼的楼梯，在1949年后被拆除。

图2　黎水女子职业学校前厅

2. 后厅

后厅大小和形制与前厅基本一样，为一楼一底。其功能分布是底楼房间作教室用，二楼作为教师办公室和寝室。在左、右梢间两端墙外各设有一道楼梯，每道楼梯19级，楼梯外缘为木质条形栏杆。两栏杆以外的柱下各有3个龙鼓石柱础。在二楼后面有一廊道，长26.5米，宽1.2米，与楼梯相连，作为教师和学生进出通道。顶梁墨书“本校 □□□ 田纯卿 陈绍乐 王春山 阮家祥 □□□ 田志中 □□□ 创建”等字样。它为考证学校的历史提供了重要依据。

3. 亮厅

由于前、后两厅相距7.6米，为方便联系和进出，在两厅中间建有亮厅一间，将前、后厅连接成一个整体，形成“工”字结构布局。其亮厅呈长方形，长7.6米，宽7.5米，高8米。左、右两侧有1米高的木栏。与前、后厅连接的四角柱下有四个石质柱础，它不仅起到保护和稳固柱子的作用，同时还有装饰的效果。它是学生课间休息活动的场所。

4. 天井

前、后厅与亮厅合围，形成了左、右两侧各一个天井（图3）。两天井大小、形制一致，对称分布，每个天井长10.2米，宽4.8米，比屋檐地面低0.3米。地面铺设优质条石，在天井转角处有排水口。

图3 黎水女子职业学校天井

5.操场

操场处于前、后厅的右侧，与前、后厅和天井紧相连，呈长方形，操场面积约1500平方米，长约50米，宽约30米，地表做了硬化处理。它是学校召开学生大会、师生锻炼身体的场所。

二、社会背景下的教育功能和特点

（一）社会背景

黎水女子职业学校创建之时的1942年，日本在第二次世界大战亚洲战场上深陷中国战场的泥潭。就国内来说，1942年是抗日战争最艰苦的一年，抗战进入相持阶段的关键时期，敌我双方正处于比拼国家战略和实力的过程中，国家要做长远打算，我国一切财力、物力和人力资源调配都围绕抗战这个核心，一切工作围绕抗战这个核心，一切力量围绕抗战这个核心。

当时战火虽未烧至黔江，但黔江人民纷纷积极抗日，大量青年参军报国。开明士绅田纯卿等人看到国家大的形势，决定为抗战出一把力，以教育救国为理念，创办起了黎水女子职业学校，目的是为抗战输送人才,为抗战服务和为战后国家建设储备人才,与此同时,发挥女子在抗战中的作用。在这样的社会背景下,黎水女子职业学校表现出的教育功能和特点带有鲜明的时代特色。当时,黎水女子职业学校的学生们唱的是"八一三,日寇在上海打了仗,江南国土遭沦亡……",唱的是"大刀向鬼子们的头上砍去……",唱的是"保卫黄河,保卫华北,保卫全中国!",大大激发了学生的爱国热情。师生除学习外,最为关心的是战事,学生们深刻认识到,只有努力学习,奋发图强,国家才能强盛起来,中华民族才能不受帝国主义的凌辱,才能屹立于世界民族之林。在经历了血与火的洗礼后,人们看到了抗日战争中女子发挥的巨大作用:她们有的在前线奋勇杀敌,有的踊跃支前,有的救护受伤的抗日战士,抗战中还涌现了许多像赵一曼等那样的女英雄。不仅在抗战大后方的学校里有教书的女教师,而且在从沦陷区迁到大后方的机关里也有不少女性工作人员。社会上许多女青年立志向女英雄学习,迫切希望能到女子职业学校学习,学成后为抗战和社会贡献力量。黎水女子职业学校的创办便适应了这些要求。

(二)教育功能

1.传播新文化的摇篮

在历史上很长一个时期,黔江人民生活在极度贫困中,且受愚昧的思想观念影响较深,思想上未得以开化,整体文化素质水平较低。人们对一些自然现象往往用宗教和封建迷信来解释,如认为打雷下雨是雷神和雨神的功能和作用,长期不下雨,眼看庄稼无收,便随即摆台祭雨神雷神;出现日食和月食是因为太阳、月亮被天狗吃了;人生病是鬼魂附体的缘故。因没有文化,人们无法依据科学知识来认识和解释这些现象。这种生活中的无知,在今天看来着实可笑,但那是当时人们的真实写照,说明当时黔江地区人民的科学文化素质较低。

黎水女子职业学校创建后,成为黔江传授新科学文化知识的摇篮。如自然等自然科学课程的开设,为人们了解自然、认知自然、解释自然、利用自然普及了科学文化知识。这些自然科学知识的传播对开启民智有重要影响,对帮助民众树立科学的世界观和人生观有重要意义。

田纯卿开办学校的目的是为教育救国出一点儿力。他看到百姓的愚昧无知,看到科学的重要性,看到了社会的迷茫。他早年在外从军,接受了许多新的文化观念和思想,眼界开阔,视野远大,想通过教育来教化黔江民众。黎水女子职业学校规模虽然不大,但对社会和民众的影响深远。就像一颗小石子扔入水中后,水中的波纹向周围无限传播一样,这所学校的建立在黔江奏响了时代的文化强音,成为新科学文化知识的传播阵地,对黔江来说,具有划时代的历史意义。

2.新思想传播的重要阵地

黎水女子职业学校的办学历程,经历了抗日战争和解放战争两个时期。当时,社会时局和社会思潮处于极速变化之中,教师作为一群有知识、有文化、有思想的人,对时事政治和文化思潮比较敏感,可以称得上是时代的先锋。他们的思想会对学生产生较为深刻的影响,多数学生以教师为榜样,或立志要成为教师心目中的成材之士。在当时,社会思潮和政治思想率先影响的就是校园,如中国共产党领导开展的呼吁"停止内战、一致抗日"的学生抗日救亡运动,以及"反饥饿、反内战、反迫害"运动,犹如波涛汹涌的大海一般引领和改变着社会思潮。位于偏远山区的黎水女子职业学校,多少受其影响。而作为开明人士,田纯卿并不反对这些思想和思潮进入校园,因此该校成为偏远山区新思想和新文化传播的重要阵地。所以,我们今天谈那时校园中新思想、新思潮的传播就特别有价值和意义。当时校园中传播的一波又一波进步思想、进步思潮,引领着时代潮流和文化发展。

3.女性解放的象征和产生地

在我国古代社会,女子在家庭和社会中处于附属地位,她们没有自己独立的人格;妇女往往不被允许参与社会活动,也无权学习知识和文化;宣传所谓的"女子无才便是德"的封建观念,并要求女子遵守"三从四德"的行为准则,这极大地禁锢了女子的思想,非常不利于她们的智慧成长和人格发展。

黔江是一个受封建礼教影响特别深重的地方。就位于黔江偏远山区的黎水而言,这一现象又相当突出,当地女子无任何社会地位,社会上男权思想极度严重。人们普遍认为"唯女子与小人难养也","男女授受不亲"等思想相当突出。现代学校教学中常见的男教师教女学生和男女生同班读书的情况,是为封建礼教不允许和排斥的。这些歧视和贬低女性的思想,在几千年的封建社会中像一把枷锁套在女性的脖子上,使她们无法得以新生。即便在辛亥革命后,这些封建旧思想在像黔江这样的偏远山区,依然根深蒂固。

黎水女子职业学校的建立,为铲除偏远山区的这些旧思想确定了方向和目标,说明那时时代在进步,社会在进步,国家在进步,民族在进步,思想也在进步,预示着偏远山区女子的希望已经来临:她们将能够走出家庭学习科学文化知识,奔向自己美好的明天;她们也可以与男性站在同一起跑线上,发愤图强,争做各行各业的排头兵,立于时代潮头,为国分忧,为争取民族独立和人民解放贡献力量。

正是黎水女子职业学校为青年女子提供了受教育的平台,使许多偏远山区的女子从深闺怨妇变成了时代弄潮儿,从社会边缘角色变成能顶半边天的角色,从社会最底层变成国家认同和民族认同的力量。也正是这所女子职业学校提供的教育机会,让一大批女性青年能参加社会活动,投身革命浪潮,发挥自身力量,参与到国家建设的洪流中。她们发展自己,服务社会、国家和民族,实现自我价值、人生价值、时代价值、民族价值和社会价值,走向人生的巅峰,为国家、民族、社会做出了重要贡献。这些均是该校创建的初衷和价值,对社会和地方建设有着巨大影响力和意义。

4.社会人才的培养之所

地方建设需要人才,社会发展需要人才,民族兴旺和国家富强需要人才,学校创建时期的抗战形势更是需要人才,田纯卿当时创建黎水女子职业学校的目的也是为了满足这一方面的需求。从他的阅历、思想和为人看,在国家和民族生死存亡攸关的时刻,他在偏远山区黔江依靠自己的经济实力和个人影响力创办了三所学校,也是为当时的地方和国家建设及抗战储备人才。作为开明人士,他知道有知识、有文化的人才的重要性,以及救亡图存的报国道理,他怀着教育救国的理想,把对家乡、地方、国家和民族的一腔热血洒在黔江这块生他养他的土地上。从办学数量来看，田纯卿对黔江偏远地区很重视，尤其是对黎水和黎水百姓的教育很重视，在他所办的三所学校中，就有两所建于黎水辖区内。培养人才，以教育救国成了他生活中最为重要的内容和最关心的事。通过八年的办学，黎水女子职业学校为黔江培养了一千多名有知识、有文化的人才。在当时的黔江，那是了不起的进步。他的这种行为值得我们今天敬佩和赞扬，他的救国救亡的思想值得我们今天敬佩和赞扬，他的办学理念也值得我们今天敬佩和赞扬。国家危难之时，他弃暗投明，选择正确的道路，为国家、民族、社会和地方建设培养、输送人才，为人民找出路，他的思想和行动在那时来讲，可谓高瞻远瞩，体现出报国有志、有方向、有目标。相较于外面的世界，他的办学实践虽然还存在一些不足，但黎水女子职业学校培养出的一千多名有知识、有文化的学生当时在黔江这个偏远山区发光发热，对其他人也潜移默化地产生着影响，在后来继续为国家和地方建设贡献着力量。

（三）特点

1. 时代特色突出

任何事物都是时代和社会的产物，都具有时代特色。其一，“黎水女子职业学校”这个校名就有鲜明的时代特色，说明黔江偏远山区的女子群体受到了开明士绅田纯卿的重视，让女子走进校园，有提高女性地位之意，反映了女子的社会地位和价值开始得到关注。其二，教学的课程名称和内容，与今天的课程有很大不同，也具有鲜明的时代特色。其三，办学宗旨同样具有鲜明的时代色彩，主要目的是培养有知识、有文化，能够服务抗战与国家建设的有志青年。其四，在生源方面，学生主要来自当时比较富有的家庭，与现在中学招生主要看学习能力和学习成绩不同。其五，校园建筑主要为木质结构，具有明显的时代特色，与今天砖混结构的校园建筑有很大差异。总之，时代特色表现在黎水女子职业学校的方方面面和具体事物及细节上。

2. 教学规模不大

黎水女子职业学校由于是私立的，受经济实力的影响，其办学和教育规模不是很大。加之学校地处黔江偏远山区，生源也受到局限，使得它与黔江现在的农村中学和城区中学相比较，无论占地还是建筑规模都有天壤之别，因此该校的教师和学生的数量不是很多。当时，国家正处于抗日战争时期，条件有限，主要人力、物力和财力都投入了抗战。田纯卿举办的这些民办学校，难免受这样和那样的影响，这是由时代局限性和历史局限性所造成的。所以，教学规模不大是黎水女子职业学校的又一重要特点。

3. 生源广泛性不足

黎水女子职业学校的学生来源主要为地主、富农、工商户和书香门第家庭的子女。广大穷苦百姓的子弟是读不起书的，一是没钱读书，二是没时间读书，很小就要靠劳动谋生存才不至于饿死。很早以前，就流传一句民谚：养儿不用教，酉秀黔彭走一遭。意思是孩子不需要多费力教育，只要去酉（酉阳）、秀（秀山）、黔（黔江）、彭（彭水）四地走一下，就懂事了，知道生活的艰苦。以此来形容当时渝东南地区的条件之差和生活之困苦。当时黔江有的家庭住岩洞，衣不遮体，甚至有的家庭只有一条裤子，谁出去谁穿，更别谈有条件上学读书了。广大穷人的孩子就算是再好的读书苗子，有再强的学习能力，也上不起学，更别谈出人头地了。只有那些不愁吃、不愁穿，比较富有家庭的子女才有机会上学读书。从这点看，黎水女子职业学校生源涵盖社会层次和社会结构的广泛性不足也是一大现象和特点。

三、价值

（一）社会价值

1.转变社会观念，为提高女子地位，解放妇女，女子参与社会活动打下了基础

随着社会的进步，许多有识之士认识到封建社会对女子思想、文化的禁锢是不公平的，没有尊重女性的人格尊严，于是掀起了改变女子旧思想、旧观念，挖掘她们的发展潜力，提升女子社会地位的浪潮，以期让女子和男人一样能够发挥自身的力量，实现社会价值。

坚持男女教育平等是推动当时时代发展的一大思想力量。辛亥革命后，女子在社会中的地位有所提高，价值和作用得到了一定的显现。各类女子学校兴办起来，部分女性也开始较为频繁地参与社会活动，她们开始有了自己独立的人格和思想。黎水女子职业学校正是在这样的背景下创办起来的。它为转变黔江社会上和女子自身的封建传统观念起到了巨大的推动作用，冲破了历史和社会传统的束缚，极大促进了黔江和周边地区女子未来的发展和进步。女性在黎水女子职业学校读书学习，掌握了新知识，树立了新观念，有利于解放妇女，促使她们积极参与社会活动，从而在全社会营造尊重妇女、爱护妇女，承认女子的社会价值、功劳和作用的良好氛围。从这个角度讲，黎水女子职业学校的创办在当时具有非常重要的现实意义和历史启示作用。

2.解放思想，求真务实，为地方教育事业发展的转折点，是黔江偏远山区文化教育史上的一大进步

我们从办学的目的和学校开设的课程看，黎水女子职业学校完全摒弃了以往封建社会科举制度下的教学内容，特别是摆脱了此前封建统治者通过八股文招贤纳士的限制和束缚。学校创建时，中华民国已经成立20年，但是就黔江偏远山区而言，这样的新式学校能够创办起来也是一个了不起的进步。

黎水女子职业学校又名“新学堂”，放在新的历史环境中，这个“新”字就是突出新的教育方式、新的教育内容和新的教育目的。学校的办学既不好高骛远，也不是仅仅让学生识几个字，算几道题，学会打算盘和算账就行了，更重要的是针对时弊和社会状况，解决实实在在的社会问题。特别是学校把自然科学知识作为主要课程内容传授给学生，提高学生的科学素质，使他们学会用科学的思维看待问题和事物，把提升地方百姓的科学素养作为己任，向百姓普及科学知识，切切实实从百姓的身边事做起，践行教育改变未来、改变社会、改变生活的理念。

黎水女子职业学校正是为了改变黔江特别是其偏远山区的旧观念、旧面貌，顺应历史潮流而率先创办起来的学校，对封建社会重视传统知识教育而忽略科学教育的状况提出了挑战，在改变教育思想和理念上起到了重要作用。从历史价值上看，可以说它是黔江地方教育事业发展的转折点，也是黔江偏远山区文化教育史上的一个重大进步。田纯卿求真务实，通过教育来解决历史环境中的点和面问题，也可以说是一个了不起的伟大进步。在短短几年中，该校为社会培养出一千多名有知识、有文化的学生，在黔江的教育史上留下了浓墨重彩的一笔。因此，黎水女子职业学校对于研究黔江教育历史及教育理念发展有着重要价值。

（二）建筑价值

1.设计考究，实用而科学，体现了传统建筑的对称美，为优秀的设计佳作

黎水女子职业学校的设计讲求实用性与科学性相结合，十分考究，各部分相衬衔接恰当，浑然一体。学校建筑采用了渝东南地区木结构常见的穿斗式梁架，确保建筑的稳固性和耐用性。朱红板壁，给人一种考究感，庄严而肃穆。建筑对称而协调，美感十足，如主体建筑呈"工"字形，中间"丨"代表亮厅，把前、后厅连接了起来，形成了一个有机整体。前、后厅的外观结构、大小完全一致，沿着亮厅的中轴线（中间切线）呈左右对称分布，反映了我国传统建筑对称分布的特点和对称协调美学原理的利用。亮厅的设计是为了便于雨天教师和学生从前、后厅来回走动，同时，也是为了呈现出建筑的连贯性和整体性。这样既实用又科学合理，还增加了建筑的美感。再比如天井的设计，由前、后厅和亮厅合围成左右两个天井，大小一致，对称而具协调性，有一种平衡感；同时，设计天井还是为了前、后厅和亮厅屋面上的雨水流入其内，保护木柱和木板壁及其基础不被雨水冲刷，实用性和科学性极强。

整体来说，黎水女子职业学校的建筑设计精致，烦琐中而有章法，简要的元素中又包含着多元复杂成分，井然有序，体现了实用性、科学性和对称性的统一，为一件不可多得的优秀传统建筑作品。

2.布局严谨，结构合理，反映了文化教育场所的工整性和严肃性

前厅、后厅、亮厅、天井和操场位置的布局给人一种心旷神怡、简要而紧凑、浑然一体之感，前三部分以木结构为主，天井为石质的，木与石的组合在这里表现出质朴感，操场占地相对较大，与主体建筑形成一种和谐美、工整美，体现出校园特色与文化气息。学校的整个布局严谨有序，无杂乱之感，校园主体建筑与附属设施搭配得当、相映成趣，给人的美感明显不同于一般的农村建筑和设施。这说明田纯卿在创建学校时是精心选址了的，想用心用力把它建成当地一所美丽的校园。

而每一组成部分的布局又是经过认真考虑后设计和确定的。从结构上看，柱与柱、檩与檩、板与板相互借用和连接，错落有致。底楼教室的建筑面积相对二楼要大一些，因为底楼是利用屋檐下的廊道供师生行走，进出教室。而二楼只有通过教室外面的廊道进出教室，也就是二楼教室比底楼少了一个廊道的面积。这样的结构设计充分考虑了建筑利用的合理性、有效性及必要性。从它的使用寿命来看，从建成投入使用以来，至今已有80年，现基本保持完好，未垮塌。对于一座木结构为主体的房屋来说，这样的结构设计和空间利用是科学合理的。经久耐用，也说明一直被保护得很好。从建筑布局和建造工艺上看，有工整性特点。从建造态度和风格上看，有严肃性特征。

3. 建筑风格典型，为研究民国时期传统建筑提供了重要的实物材料

该校园主体是民国时期典型的传统建筑。它继承了古代建筑的沿中轴线对称分布、穿斗式梁架、青瓦覆盖、石质柱础、朱红板壁、几何门窗等特点。同时，在规划设计上结合了它的功能需求，使其规整中透出变化，古朴中透出浑厚，大气中透出雅致。前厅前面绿树成荫，体现了自然与建筑的完美结合、历史和时代的统一。它与当时的民房建筑在布局和建造工艺质量上有很大差异，其他方面与当时的豪宅建筑无异，具有当时黔江建筑共有的特色和典型的风格特点。从外貌上看，它在气势、质量以及空间利用方面要优于一般民宅建筑。由于建筑风格的典型性，所以它成为研究民国时期传统建筑的重要实物材料。

（三）民族价值

1. 它是民族地区创办的学校，在提升民族文化素质方面具有重要作用和意义

黔江是渝东南土家族苗族集聚的核心区。田纯卿创办的三所学校，包括黎水女子职业学校，对黔江各民族大众文化素质的提高有着非常重要的作用和贡献。他秉承教育救国理念，以教育来唤醒民众，把文化救国和文化启智作为促进民族与社会进步的重要工具，从而来改变民众的文化结构和文化学习方向，提高民众的知识水平与层次以及科学文化修养。

只有全民的觉醒才会产生巨大的力量。黎水女子职业学校的创办就是为了改变旧社会腐朽、落后的一切，只有充分发挥基层民众的力量才能改变这一切。由于各种原因，黎水女子职业学校办学时间不长，但它所产生的影响是极其深远的，使黔江这一民族地区发生了翻天覆地的变化。历史尘埃虽小，但不能忘记历史，不忘那些岁月长河中有远见、有眼光的有识之士，不忘那些胸怀远大抱负、想改变地方社会状况的有志之士，不忘为黔江地区人民群众的文化素质提升做过贡献之人。今天，我们把黎水女子职业学校作为市级文物保护单位来加以保护和研究，就是没忘记这一切的体现。

未来的发展，离不开今天的具体行动和实践。田纯卿创办的这所学校至今还在发挥着教书育人的功能。其校址从新中国成立后至今一直为黎水镇竹园村小学校所在地，隶属黔江区黎水镇中心小学校，承担着教书育人的重任，可见这所学校的历史延续性和对今天竹园村老百姓的价值与意义。

2. 它是民族地区内培养杰出人才的重要阵地和场所，为重要人才的成长和发展提供了沃土

学校是培养人才的主要阵地和场所。在抗战时期，有学上、有书读的是幸运儿。后来的地方杰出人才一般就产生于这群有学上、有书读的孩子之中。他们知书明理，善于思考，有着正确的世界观、人生观和价值观，文化水平相对较高，国家的治理和发展正需要这样的人才。而当时那些受教育程度较高，具有较高文化素质的人才更有能力为改变国家的悲惨命运和落后现状做出重要贡献。黔江是一个民族地区，在民族区域内培养的本地人才本身就具有民族性，可以为本民族、本地区的发展贡献智慧和力量。黎水女子职业学校毕业的一千多名学生中，不乏佼佼者，他们在各行各业为地方建设和国家发展做出了巨大贡献。因此，可以说黎水女子职业学校是重要的地方人才培养基地，发挥着巨大的育人功能和作用。

四、结语

田纯卿等开明士绅创办的这所黎水女子职业学校是为当时国家和民族培养最迫切需要的人才而设立的，为黔江偏远山区女子文化教育事业发展做出了表率，起到了领头羊作用，也为山区受教育女青年打开了新生活的大门，特别是为黔江那些深受封建枷锁影响的女子找到了一条融入社会的途径。

该校的建筑设计科学，形制工整，布局井然，结构合理，特点突出，风格古朴，文化特征明显，反映出山区建筑与文化教育功能融合的时代特点和风貌。

黎水女子职业学校的学生树立起自立、自强、自尊、自爱、自重的时代文化理念和为民族、国家奋斗的理想。有了远大理想和目标，加之经过了新思想、新文化的洗礼，她们不再局限于做没出息的封建小女子，而是立志成为具有大胸怀、大视野、大格局的青年才俊。后来，她们一个个成为黔江文化教育领域的骨干。

黎水女子职业学校培养的一大批青年成为革命和建设的重要力量。尤其是众多偏远山区的女性青年作为重点培养对象，开阔了眼界，丰富了知识储备，提升了文化素养。

因此，该校的创建具有非常重要的历史价值和深远的社会意义，它也是研究从近代到民国思想文化领域变革的重要实物资料。

新文化运动时期中国美术的“中西融合”与写实主义

夏浩然
（南京大学艺术学院）

【摘要】新文化运动时期中国美术的发展与同时代的西方世界存在“错位关系”。新文化运动时期的思想家和美术家对于西方美术风格选择的目的在于，从文艺领域入手，以现代性改造旧中国。林风眠、徐悲鸿、刘海粟对“中西融合”提出了不同的见解并进行了不同的实践。从厘清新文化运动与美术革命的概念入手，对新文化运动和美术革命中提出的“中西融合”和写实主义加以探讨，可以发现，新文化运动时期的中西美术虽然形式不同，但追求现代性精神的本质是相通的。

【关键字】美术革命；新文化运动；中西融合；错位式发展

一、概述

中国艺术一直表现着规模宏大的辩证斗争，或毋宁说是两种斗争——中国文化与西方文化之间、传统与现代之间的斗争。[1]20世纪，中国美术界共发生过两次与西方美术的交流与碰撞，一次是1915—1921年的五四新文化运动，另一次是1983—1985年的“85美术运动”，这两次美术运动都产生了重大的影响，引起了广泛的讨论，深刻地影响了中国近现代美术的格局，两次美术运动虽然在时间、地点、发展方式以及推动思想上均不相同，但其所面临的基本问题和基本矛盾是一致的，即在西方文化输入中国的过程中，如何处理好本民族与其他民族的、传统的与现代的文化之间的关系。相较于“85美术运动”而言，虽然五四新文化运动面临的国内国际环境要更加复杂，历史任务要更加紧迫。相较于发生在美术界和学术界内部的“85美术运动”，五四新文化运动显然具有来自社会各界的广泛参与的基础。

在中西美术的接触中，本土的传统主义与全盘西化在中国的实际环境中衍生出复杂多变的折中组合，这些组合虽然复杂，但以写实主义为一条清晰明确的主线贯穿始终，虽然这种写实主义已经脱离了其西方母体的原始意义而在中国大地上开枝散叶。对于写实主义的理解与其社会效用的开发，不同时期的中国思想家、画家也有着不同的理解：康有为的写实主义明显包含“以复古为更新”的“中体西用”思想；蔡元培的写实主义则更加注重“美育代宗教”的社会效用；徐悲鸿虽受康有为的影响，但他的写实主义显然是以美术家的方式建立在“以写实主义改良中国画”的画学思想上。此外，在这个过程中，“中西融合”这个看似融洽的概括，内部也有着种种不同的选择：林风眠的“中西融合”是一种折中式的“调和中西”，舍弃了中国画的笔墨技巧，以汉唐风韵贴近马蒂斯式的自由线条，又舍弃了学院派的古典写实原则以贴合中国的“气韵生动”；徐悲鸿的“中西融合”则是“引西入中”，以西方的写实主义改造中国画的面貌；刘海粟的“中西融合”是以现代主义的精神“重新估定一切价值”，在中国大地上开辟了自己的中华文艺复兴道路。

20世纪的中西美术可谓以错位的方式发展。当西方美术揖别写实主义及宏大叙事而步入现代时，中国美术却反其道而行之，以科学写实主义构成了自己的基石。[2] 错位式发展是中国近代美术的一个特征，这种错位式发展是相对于西方而言的，相对于中国传统艺术的语境，这种发展并不是错位式的，且这种“错位”只是表面风格上的错位，其内在的、背后的时代动机与是一致的，五四新文化运动时期的美术和当时西方流行的现代主义诸流派都是以一种怀疑的态度批判自己的过往，追求原始性、乌托邦和精神性复归的欧洲艺术家和向往现代性、走向发达与关注现实的中国艺术家在面对不同于自身既有的新可能时产生的惊奇是一致的。

二、新文化运动与“美术革命”

（一）新文化运动

新文化运动是发生于1915—1923年间中国近代历史上的一次思想启蒙和文化改造运动①。陈独秀认为新文化运动应该是人的运动，他曾经指出欧洲近代历史是一部解放的历史，“破坏君权，求政治之解放也；否认教权，求宗教之解放也；均产说兴，求经济之解放也；女子参政运动，求男权之解放也。解放云者，脱离夫奴隶之羁绊，以完其自主自由之人格之谓也。我有手足，自谋温饱；我有口舌，自陈好恶；我有心思，自崇所信；绝不认他人之越俎，亦不应主我而奴他人。盖自认为独立自主之人格以上，一切操行，一切权利，一切信仰，唯有听命各自固有之智能，断无盲从隶属他人之理。”[3]在创办《新青年》之际，他也提出过“人权与科学”，他曾在《东西民族根本思想之差异》中指出，“举一切伦理、道德、政治、法律，社会之所向往，国家之祈求，拥护个人之自由权利与幸福而已”[4]，由此可见，新文化是一场追求个人解放的运动，又是一场争取个人权利的运动，因此归根到底，新文化运动是一场人的运动。

新文化运动最开始是文学革命的运动，而非美术革命的运动。陈独秀在其所编辑的《新青年》杂志第一期中，“郑重呼吁”中国的青年起来斗争，为创造新文化承担责任。[5]“革命”一词在20世纪中国的政治与文化运动中使用的频率极高，英语“revolution”在辛亥革命后使用范围逐渐由政治领域扩

①关于新文化运动的时间界定有不同的说法。新文化运动的开始事件以1915年《青年杂志》（后称《新青年》）的创刊为标志是没有异议的，对于其结束时间1923年，本文采用了《100年汉语新词新语大辞典（1912年—2011年）上卷》（宋子然主编，上海辞书出版社2014年版）中“新文化运动”这一词条的解释。

展到社会、文化等诸多领域，宗教革命、道德革命、学术革命、文学革命等各类“革命”一时间此起彼伏。显然，美术领域也不甘人后，拟以革命之手段救亡图存，以扭转自身日渐颓败之势，使自身焕然一新。相较于新文化、新文学和新文艺来讲，“新美术”的提及次数并不多，“新美术运动是新文化运动的一个组成部分，它也是由整个新文化运动带动起来的。它以师法自然、写生实物、反映客观为其特点，这也就是接受了西洋绘画的一套科学方法”[6]。按照倪贻德关于新美术运动的说法，新美术运动属于新文化运动的一部分，它的特征就是接受西方写实主义的创作方法，并将此尊为“科学的方法”，民主与科学在五四运动中的地位对应在新文化运动下的新美术运动中的要求就变成了“大众化”与“写实主义”，其中的写实主义既是目的也是手段，一方面，写实主义是五四运动中“科学主义”的要求，写实主义在新美术中被尊为科学的方法，是科学主义的要求在美术领域中的映射，是在美术创作中尊重自然、尊重客观事实和客观规律的要求；另一方面，写实主义是美术“大众化”的手段，新文化运动虽是由精英思想家发起的，但目的是面向大众，面向大众的作品需要考虑到受众的理解水平对艺术作品形式和内容的影响。以上两个原因使得写实主义无论在科学性上还是民主性上都不失为新文化运动中最合时宜的美术形式。

在新美术运动中，中国美术由写意转向写实，由精英艺术转向大众艺术的基调已成既定事实。在这种情况下，“由雅入俗”并不是美术自身的堕化或失败，相反可以认为是美术的进步和成功，此时美术最主要的目的并不在于自身体系的建设，而在于为新的思想文化宣传服务，雅与俗本身并不是一等重要的。写实主义是新文化运动中的精英知识分子在理想情怀下的实用考量，陈独秀在《新青年》创刊时就决定不谈政治，胡适、鲁迅、钱玄同等人也都持此观点，他们不谈政治并非因为对政治不感兴趣，而是因为认识到顶着“共和”二字的民国，在政治生活中的种种荒诞行为已经不能单凭政治手段解决了，还需要靠思想文化上的革命运动解决[7]。新文化运动时期的思想家们将目光放在了文艺领域的革命上，新文化运动掀起了中国现代艺术运动的高潮，这个高潮便是“美术革命”。[8]

（二）美术革命

“美术革命”在中国近现代美术史中有广义和狭义两种含义。广义上的“美术革命”是指从19世纪末开始到20世纪上半叶，为回应西方美术在中国引发的一系列美术变革与思想的发展。狭义的“美术革命”则是指新文化运动中陈独秀和吕澂在《新青年》上提出的一个具有挑战性的论题[9]。“美术革命”广义上的用法并不常见，一般提到“美术革命”都指后者，如无特别说明，本文也是如此。1918年9月，22岁的吕澂曾致信时任《新青年》主编的陈独秀，信中写道：“文学与美术，皆所以发表思想与感情，为其根本主义者唯一，势自不容偏有荣枯也。我国今日文艺之待改革，有似当年之意，而美术之衰弊，则更有甚焉者。”[10]吕澂的意思是要将文学与美术置于同等重要的地位，继文学革命后开展美术的革命，他认为国内文艺界亟待改革的状况有似于此前的意大利，而美术的情形甚至更加严峻，“诚不可不极加革命也”[11]。随后，吕澂提出了美术革命需要解决的四个问题：一是阐明美术的范围和实质；二是阐明我国自唐以来绘画、雕塑、建筑的源流——即整理中国美术；三是阐明欧美美术的变迁和时下流行的现代主义的种种美术——即了解西方美术；四是（在上面的基础上）印证东西美术之真义，使有志于从事美术研究者找到归宿并将其发扬光大。在这封信中吕澂已经提出了明确的“美术革命”路线。陈独秀则“借题发挥”，提出自己对中国画改良的意见，认为“若想把中国画改良，首先要革王画的命。因为要改良中国画，断不能不采用洋画的写实精神”[12]，这与吕澂的建议并没有太多交集，说到底还是陈独秀自身的社会改造思想作用于美术方面的结果，陈独秀对于中国传统艺术倒未必多么讨厌，只是以王石谷为代表的一类靠“临”“摹”“仿”“橅”复写古画的传统中国画承载了一套与共和政体不相符合的旧制度、旧思想，因此在新文化运动中就非打倒不可。尽管与吕澂意见不同，陈独秀也认为“美术革命”非进行不可。

单独来看，“美术革命”在当时并未产生很大的影响，但是就它所涉及的中国美术界的问题及配套的出路来看，则会发现“美术革命”的影响是深远的，对美术功用的思索和讨论甚至对当今中国美术的发展还有借鉴意义。对于实用主义、科学主义、传统与继承、时代与发展这些问题，初出茅庐的青年艺术家未必都能得到一个明确的答案，或有个清晰的认识，但这些问题确确实实存在，起码它们在逻辑上合情合理地存在。但凡一个青年要花大力气和长时间去做一件事，总要涉及对这件事情意义的思索：美术对于彼时和今日的青年而言究竟意味着什么？应该做什么或者不应该做什么？需要怎么做？功用和道路的问题虽然不一定要上升到理论的高度，但在一位美术家思考自身的方向以及通过思考的结果指导自身的行为时，就已经触及美术的功用和道路这样的基本问题了，正是这种在实践中产生的对理论的思考，对美术家们而言才是最有效的思考，新文化运动和今日都是如此。

吕澂和陈独秀分别代表了美术界和思想界对“美术革命”的认识，吕澂从美术自身的角度入手，揭露了当时中国美术界存在的问题并提出了革命的方向，陈独秀则借由吕澂的文章站在社会革命的角度批判了传统美术。思想家不会像美术家那样以美术的事实和琐碎的实践问题来探讨“美术革命”的问题。如果说新文化运动是思想家的运动、思想家的革命，那么回归美术本身看，美术的革命只能由美术家自身来完成。

三、美术家的“中西融合”

（一）林风眠的“中西融合”

“中西融合”是学界常常用来描述徐悲鸿、林风眠等近代美术先驱美术创作共同特征的一个术语[13]，诚然，他们的创作在不同程度上表现了融合中西的倾向，也留下许多关于中西融合的言论。这种概括在统摄他们的共性方面言简意赅，但是在揭示他们的个性时往往力所不逮。

徐悲鸿被描述为“现实主义”，林风眠多被称为“折中派”，而刘海粟的艺术特征则用“表现主义”这个术语与前两者区分。在这三位中国近代美术先驱中，林风眠最简单，他在受到西方美术影响后转而对中国传统美术再肯定。[14]林风眠留法期间，他的老师杨西斯曾看望并告诫他“不能仅停留在学院派的画风上，应多了解新旧各派所创造的风格”。此后，林风眠游历柏林参观德国博物馆名作，1924年与好友林文铮共同组织艺术团体“霍普斯会”，后改名为“海外艺术运动社”[15]。林风眠深受蔡元培的器重，1924年两人在法国斯特拉斯堡举行的“中国美术展览会”上初次相见便觉“同声相应”，此次美术展览会中的座谈会大会上，蔡元培所做的“以美育代宗教”的演讲也大大鼓舞了林风眠的雄心，二人不仅一见如故，后来更是逐渐引为知己，成为忘年交。

蔡元培在办学上兼收并蓄的理念影响了林风眠。林风眠力主艺术自由，在执掌杭州国立艺术专科学校期间，推行“介绍西洋艺术，整理中国艺术，调和中西艺术，创造时代艺术”的办学政策，对教师的聘用不囿于地域、国籍，比如日本的斋藤佳藏、法国的克罗多、英国的魏达等人，杭州国立艺专一时人才济济，大大拓展了学生的国际视野。林风眠比较偏爱西方现代主义，但主张调和中西的艺术，借用西方现代艺术的范式，融入中国传统的艺术形式，调和传统与现代艺术的冲突，创造出一种与传统绘画形态相异的新绘画[16]，他发现中国的传统艺术与西方现代艺术注重表达精神上的“相似性”，着眼于打通中西绘画派别上的梗阻。林风眠在开创中西融合的实践中注重美感上的共通性，趋向“大道大同”，创造出一种具有跨越民族性与文化历史性交流能力的艺术语言。

面对中国画由于抄袭和模仿古画而流于形式的颓败现状，林风眠提出三条补救措施：一、绘画上单纯化的描写，应以自然现象为基础；二、对于绘画的原料、技巧、方法应有绝对的改进，俾不再出现因束缚或限制自由描写的倾向；三、绘画上基本的训练，应采取自然界为对象，绳以科学的方法，使物象正确地得以重现，以为创造之基础。[17]重视自然是林风眠与徐悲鸿、刘海粟的相同之处，也是林风眠与清末注重笔墨技巧的文人画的不同之处，在他看来观察与记录自然只是搜集素材的手段，创作时也主要依靠回忆与默写平时的积累，从而使创作在主观上具有更大的自由度，因此林风眠的作品更多地具有一种“像随心动”的东方诗意与灵性。在调和中西上，为了更加贴近中国的“气韵生动”，他舍弃了学院派严谨理性的写实法则而选取了浪漫主义到立体派充满生命力的表现；为了更加贴近西方的现代性要求，他抛弃了文人画的“以书入画”的笔墨法则，选择了汉唐为主的中国早期传统美术和民间美术的线条[18]，同时借鉴马蒂斯的表达情感的线条观，形成了自己兼具古典优雅与西方表现力的独特风格，这使得林风眠的作品有强烈的个人风格和与众不同的面貌，他的中国画作在形式上具有西方现代艺术的特色，在意境上具有中国画的诗意。

（二）徐悲鸿的“中西融合”

徐悲鸿始终坚持西方写实主义精神，甚至“一意孤行”地推进“以写实主义改良中国画”的创作和教学实践。他肯定中国传统美术的言论是非常少的，多数言论都是批判和否定性的。[19]24岁的徐悲鸿与19岁的林风眠同年（1919年）赴法留学，且都就读于巴黎国立高等美术学院。林风眠选择了走出学院派，拥抱了德国表现主义，调和出了具有现代派面貌的新国画。徐悲鸿则精研学院派的传统，走出了一条有民族特色的现实主义道路，他的现实主义道路真正成了20世纪中国美术的主流。不同于艺术观还处于尚未成熟期的林风眠，徐悲鸿在赴法留学之前就已经打定了现实主义的主意。

徐悲鸿的父亲徐达章是一位民间画师，徐悲鸿随父学画，9岁时每日功课便是临摹一幅吴友如的人物画与界画，10岁时已经可以做父亲的助手，13岁时随父亲流浪江湖靠卖画谋生，这样的早年经历也决定了他的美术价值取向是大众化的，是能够真正贯彻五四时期美术运动的写实与大众化要求的。1916年，21岁的徐悲鸿在上海结识康有为，遂拜康有为为师，执弟子礼，此时康有为的画学思想决定性地影响了徐悲鸿的成长，康氏“推崇宋法，务精深华妙”以及“合中西而为画学新纪元”的观点都给徐悲鸿留下了深刻的印象。1917年，徐悲鸿东渡日本归来后，应蔡元培之邀，作《中国画改良之方法》（后刊载时改名为《中国画改良论》）的演讲，其中提到“古法之佳者守之，垂绝者继之，不佳者改之，未足者增之，西方画之可采入者融之”[20]，在留法之前，用西方画改良中国画的指导思想已经在他胸中成形。

一抵欧洲，古典学院派的写实主义就与徐悲鸿的志趣合二为一。在欧八年苦读中，徐悲鸿对古典主义、现实主义、浪漫主义研究颇深，而对印象主义、后印象主义和现代主义有一定看法[21]，这种倾向在他归国后反映得更为强烈。1929年，他与以徐志摩为代表的形式主义、唯美主义派艺术家展开了一场辩论[22]，徐悲鸿在《惑》一文中曾称塞尚和马蒂斯的作品为无耻之作。“二徐”观点的不同，除了表现在艺术趣味上的分歧之外，还有艺术功能取向上的不同。徐悲鸿认为，人都有好逸恶劳的本性，不肯刻苦用工却好大喜功，必然导致坚持走扎实严谨的写实主义的人少，而选择“看来容易”的现代主义的人多。但“这‘看来容易’却真是害人——尤其是性情爱好附会的就跟着摭拾一些自己懂不得一半的名词”[23]。他认为艺术分真与伪、雅与俗，评判艺术真与伪的标准是看艺术家是否具有真诚的态度，而不是看一时潮流，纯真的艺术境界便是能至大美造大奇，写科学放光明于大地人类，而绝看不上矫揉造作、故弄玄虚的潮流。

徐悲鸿的“中西融合”欲使“新中国画，至少人物必具神情，山水须辨地域”，借西洋之法达到直接师法造化的目的，立足于西方写实主义，采用西方的明暗、透视、构图等方法，使中国画更加逼真，能达到状物写实的功效。相对于传统的国粹派画家，他是革新派；而相对于时髦的现代派画家，他是保守派。

（三）刘海粟的“中西融合”

刘海粟与另外两者之间的差别较大，在这三人中也最为复杂。刘海粟的“中西融合”不单纯是形式上的，而是深入现代精神的核心，“重新估定一切价值”，“发掘吾国艺苑固有之宝藏，别辟大道，而为中华之文艺复兴运动也”。刘海粟的“中西融合”则是给了中国画一个艺术上的“人权”，既不偏听洋人，也不盲从古人，使“我有口舌，自陈好恶，我有心思，自崇所信”。刘海粟对艺术的判断则是一种审美上的判断，是一种“为了艺术而艺术”的取向。他在创作、办学和思想上主要是通过宣扬西画来主张中国美术的革新，但实际上，他并没有像西化派那样彻底否定中国传统。[24]上海图画美术院（上海美专)的办学宗旨也早已体现出刘海粟敢于怀疑一切既有艺术的勇气和情怀,上海图画美术院创办时,他曾提出三条办学宗旨:“第一,我们要发展东方固有的艺术,研究西方艺术的蕴奥;第二,我们要在极残酷无情、干燥枯寂的社会里尽宣传艺术的责任,因为我们相信艺术能够救济现在中国民众的烦苦,能够惊觉一般人的睡梦;第三,我们原没有什么学问,我们却自信有这样研究和宣传的诚心。”[25]1925年,刘海粟另提出的“发掘吾国艺苑固有之宝藏……而为中华之文艺复兴运动也”与前两条宗旨有一脉相承之处。刘海粟敢于批判一切既成的事物,敢于重估一切价值,敢于提出高低兼顾的美术教育方案,又敢于将它付诸实践。

新文化处于生根和发芽的时期,它是面向青年,象征青春的,它应当是充满勃勃生机的,应当是“初生牛犊不怕虎”的,哪怕血气方刚也好、热血冲动也好,这才更像是一个新生事物该有的样子。五四时期的中国近代美术正经历着它的第一个青春期和发育期,同时也是一个迷茫期和阵痛期,要求这些浪漫斑斓的美术家以一种前所未用的勇气和不屈不挠的精神扛起一面“美术革命”的大旗,以一种生意盎然的利刃划破沉寂黑冷的万古长夜,像普罗米修斯将第一颗火种洒向尚处于黑暗蒙昧的人间大地,也如牛顿的经典力学为近代科学带来第一丝文明的曙光,这便是启蒙的意义。

四、现代主义与写实主义

(一)现代主义

近代以来,随着科学技术的发展,西方国家的文明发展取得了巨大的成就,生产技术的提高带来了生活水平的提高,但与此同时也带来了一系列发展问题。在西方工业文明和科学技术取得重大发展的同时,城市化与乡村家园、物质文明与精神文明等一系列矛盾和问题也逐渐暴露出来,在进入20世纪后,这些在以前世代累积的问题暴露得更加明显,科学的进步并没有像人们所希望的那样带来长足的和谐安宁,反而带来了新的危机。从19世纪末到第一次世界大战爆发前,欧洲国家的经济增长出现了前所未有的繁荣局面,帝国主义日益强大,进入了现代时期的新阶段,“进步”是19世纪的口号,但大多数艺术家却拒绝回应这个口号,他们追求精神性、乌托邦,或者原始替代品。随着第一次世界大战的爆发,西方艺术进入现代主义阶段,第一次世界大战的爆发打破了欧洲人的幻想,原本以为能带来美好世界的逻辑、科学与技术却并没有带来更美好的生活,反而被用来制造枪炮、坦克、飞机和潜艇等,给欧洲大陆带来了重创,改变了西方文化的初始构想与雄心。战争期间产生了野兽主义、立体主义、德国表现主义、意大利未来主义等艺术流派。从19世纪末到20世纪初,后印象主义、象征主义、德国表现主义不满足于现实主义和印象派力图建立在经验之上挖掘现代世界的本质,转而向冰冷刻板的现代世界寻求解药。在新文化运动倡导写实主义的同时,现代艺术的各种流派犹如战后废墟中的玫瑰,在欧洲大陆上此起彼伏地盛开,这种奇特的现象构成了中西艺术的第一次错位式交汇。

接受和影响是一体两面的事情，中西方艺术发生了接触，必然涉及互动。在中国艺术的参照系下看，与其说是近代以来的西方艺术影响了中国艺术，莫不如说是近代以来的中国艺术接受了西方艺术，两者含义类似，前者更像是西方艺术强势的入侵，后者则是我方主动的文化选择。近代中国对西方艺术就是一种有选择性的主动接受，蔡元培曾经在考察现代主义后提出现代主义不适合中国的实际情况。之所以说现代主义不适合当时中国的实际情况，可能有以下三点原因。

一是不适合当时中国推行科学主义和启蒙精神的需要。二是不适合当时中国美术大众化的需要，新文化运动既然是一场面向大众的启蒙运动，就必定要考虑到受众的问题。三是不适合近代中国艺术的建设和发展。喜欢捷径、好逸恶劳是人类共同的天性，国人也好，洋人也好，莫不如此。只是这个问题当时在国内比较突出，如鲁迅所说的“有些青年，不乐科学，便学文学，不会作文，便学美术，又不肯练画，则留长头发，放大领结完事”，“较好者，则好大喜功，喜未来派、立方派作品，而不肯正正经经的画，刻苦用功，人面必歪，脸色必绿”[26]。现代主义的绘画很容易被急功近利的画家利用，使学画青年产生不需经过太多努力便能跻身艺术殿堂的妄念。当时的现代主义非但不能提升中国艺术自身的专业性和自律性，反而易使中国艺术变得庸俗化，“现代主义”不但不能完成它的理想，反而容易沦为文艺毒瘤。

（二）写实主义

在西方艺术的语境中，写实主义与现实主义的含义是同一的，即realism。现实主义本质上是对建立在工业化大生产之上的现代性所展开的反思和批判思潮，它主张以曾为贵族服务的写实语言来关注、表现现实和人生，尤其是关注和表现下层人民的生活[27]，但在近代中国，写实主义的概念发生了变异，包含的范围得到了扩张。康有为的写实主义以“复古为更新”，深刻包含了宋代院画能状物写实的传统含义，蔡元培的写实主义则建立在实用主义对美术社会效用的期待上。

“写实主义”构成了近代中国艺术生态的主要部分，这一点不言自明，并借助文学艺术运动得到放大和加强，最终演变成了不同的形态。

西方写实主义绘画早在1863年就已经被引入晚清的新学课程设置。1902年，图画课就已经被列入从小学乃至到大学技术学院的课程中。在变“虚名教育”为关系国计民生的“实用教育”这一历史语境中，运用焦点透视和色彩明暗法则准确再现客观空间结构的西方写实画法早已被视为“实学”的一翼，康有为曾持“工商业系于画者甚重”的观点。在晚清新学以“中体西用”为宗旨的变革方案中，作为器用之学的写实主义美术成为“实学”的附属。

从晚清到辛亥革命，再到新文化运动，中国对西方的学习从器物过渡到制度再深入到思想，对美术效用的认识范围也逐步扩大。美术在政治和社会生活中的开发与利用一直是新文化运动中的重要命题[28]，蔡元培提出的“美育代宗教”就是实用主义教育在美术上的反映，这种建立在社会效用上的美育观点深刻地影响了中国美术向实用的一侧发展。实学是最有用的学科，20世纪中国的仁人志士莫不持此观点，实用的即是有价值的，也是当时人们的普遍心态。

陈独秀在《学说与装饰品》中曾说："一种学说有没有输入我们社会的价值，应该看我们的社会有没有用它来救济弊害的需要。……我们的文学、美术都偏于幻想而至于无想了，所以有输入写实主义的需要。"[29]如他所说"现实主义，诚今世贫弱国民教育之第一方针矣"，用写实主义或现实主义文艺唤醒民众是新文化运动思想者们的共同选择。[30]18世纪法国大革命前后，艺术开始与世俗政治发生关联，在此后的历史中，艺术更是被当作主导社会变革的一种力量来看待。如圣西门就曾经指出："艺术的力量最为直接迅捷，每当我们期望在人群中传播思想史，我们就把他们铭刻在石头上或者绘在画布上。"[31]陈独秀之所以认为"美术革命"一定要选择写实主义，"一个重要方面就是认识到视觉艺术对于塑造人们的意识形态和世界观起到的速成和催化的作用。写实主义那种直白明确的方式，更能够清晰地表达思想，更易于在社会各个阶层传递"[32]。正如上文提到的，中国写实主义是相当复杂的社会历史与西方思潮彼此耦合的产物，很难彻底厘清他们之间的关系，但从当时的社会现实和风气来说，一种西方美术思潮能在当时落地生根无疑需要先解决两个问题：第一个问题是对中国是否有用，第二个问题是中国是否需要，其中第二个问题比第一个问题重要得多，二者是否存在因果关系是个相当微妙的问题。

中国美术上的写实主义是文学革命策略的有意识的重复，对于"文学革命"，陈独秀曾提出将"推倒雕琢的、阿谀的贵族文学，建立平易的、抒情的国民文学；推倒陈腐的、铺张的古典文学，建设新鲜的、立诚的写实文学；推倒迂晦的、艰涩的山林文学，建设明了的、通俗的社会文学"[33]。除了写实文学，新文化运动中的思想家显然也意识到了写实图像的巨大潜力，随着西方绘画的输入，中国近代史上出现了不少时事画、漫画和报刊插画，随着商业的发展深入到社会生活的各个层面。将写实主义与大众文化相关联是新文化运动以来革命派和改革派思考和实践的核心问题之一，在艺术面向广大受众时不得不考虑艺术形式对于受众群体的可接受性和可理解性。在这些考量中，写实主义脱颖而出，成为最合适的形式。

五、结语

新文化运动引发了人们对千年的传承和习俗展开了一系列新的思考和评价，在新旧对比中产生的怀疑力量动摇了旧制度的权威，它告诉人们："对于世俗相传下来的制度风俗，要问'这种制度现在还有存在的价值吗？'对于古代遗留下来的圣贤教训，要问'这句话在今日还是不错的吗？'对于社会上公认的行为与信仰，要问'大家公认的，就不会错了吗？人家这样做，我也应该这样做吗？难道没有别样的做法比这个更好、更有理、更有益的吗？'"[34]新思潮本质上的意义就是一个新的态度，这个新态度就是"评判的态度"，即尼采所说的"重新估定一切价值"。

在"偏爱原始性"的欧洲艺术家追求精神性复归的同时，中国艺术家踏上了对现代性的追求，可以想象当时的中国对新输入的欧西写实主义艺术的惊讶，丝毫不亚于欧洲的艺术家发现了非洲原始部落的木雕。近代的中西美术在交错中瞥见了对方的倩影，虽然表面上的形式不同，但寻求的目标都是“重新估定一切价值”，追求现代性精神的本质是相同的。

参考文献：

[1][5][28][英]迈克尔·苏立文.20世纪中国艺术与艺术家(上)[M].陈卫和，钱岗南，译.上海：上海人民出版社，2013.

[2][27]张晓凌.“美术革命”与20世纪中国美术[J].美术，2018(4).

[3]陈独秀.敬告青年[J].中国近代史参考资料，1984(7).

[4]陈独秀.东西民族根本思想之差异[M]//独秀文存.上海：亚东图书馆，1923:30.

[6]倪贻德.“五四”——新美术运动的开始[J].美术，1959(5).

[7]李新宇.什么是“新文化运动”?[J].社会科学战线，2004(3).

[8][13][14][19][24]封钰.五四新文化运动与中国美术转向[J].美术，2019(5).

[9][30][32]邱锋.美术革命与新文化运动[J].兰州大学学报(社会科学版)，2019，47(3).

[10][11]吕澂.美术革命[C]//郎绍君，水天中.二十世纪中国美术文选(上卷).上海：上海书画出版社，1999.

[12]陈独秀.美术革命[C]//郎绍君，水天中.二十世纪中国美术文选(上卷).上海：上海书画出版社，1999:29.

[15][21][22][26]潘耀昌.中国近现代美术教育史[M].杭州：中国美术学院出版社，2002.

[16][18]何文婷.调和中西——林风眠艺术思想研究[J].大众文艺，2017(14).

[17]刘曦林.林风眠与美术教育[J].美术史论，1990(2).

[20]徐悲鸿.中国画改良论[C]//郎绍君，水天中.二十世纪中国美术文选(上卷).上海：上海书画出版社，1999.

[23]徐志摩.我也“惑”[C]//郎绍君，水天中.二十世纪中国美术文选(上卷).上海：上海书画出版社，1999:207.

[25]刘海粟.创立上海国画美术院宣言[M]//朱金楼，袁志煌.刘海粟艺术文选.上海：上海人民美术出版社，1987:16.

[29]陈独秀.学说与装饰品[M]//独秀文存.合肥：安徽人民出版社，1987:590.

[31][美]丹尼尔·贝尔.资本主义文化矛盾[M].赵一凡，蒲隆，任晓晋，译.北京：生活·读书·新知三联书店，1989.

[33]陈独秀.文学革命论[J].中国近代史参考资料，1984(7).

[34]胡适.新思潮的意义[J].新青年，1919，7(1).

合川坐歌堂的传统文化内涵

胡中华
（重庆市合川区文化馆）

合川坐歌堂是古合州保存至今的传统婚嫁习俗之一，迄今已有一千多年的悠久历史，2014年被列入重庆市第四批非物质文化遗产名录。坐歌堂习俗遍布区内镇街村落，各地歌堂既有不尽相同的地方特色，同时又兼具合川及川东地区的历史文化特性，合川坐歌堂的模式，承载着岁月流转在一方水土而凝结的表现形态。

一、独特的人文自然背景

合川，因三江汇流而得名，历史悠久，人文荟萃，存续着山水意涵广泛而形式多样的民风民俗，民间婚俗的重要形态之"合川坐歌堂"，就是其古老习俗的杰出代表之一。合川三庙镇，地处合川西北部，距合川城区31千米，辖区面积109.85平方千米。历史悠久，景出自然。清朝光绪三十二年（1906年），朝廷改里甲为乡镇，当时的合川县行政区划分为7个乡、7个镇（辖71场），"鹤鸣里"再度改为"鹤鸣镇"，该地区树木苍翠，森林覆盖，白鹤绕飞，成群结队；到了傍晚，栖息在炊烟缭绕的场镇周围，万鹤齐鸣，声声如歌，"鹤鸣镇"的名号由此得来。其行政区划除管辖三庙场外，还管辖七间桥、永兴场、古楼场、香炉山、兴隆场。北宋后期（1100年左右），各地佛教盛行，群众到处修庙朝山拜佛，市民在鹤鸣镇上修建了文庙、濂清祠、财神庙三座大庙，来此观光拜佛的人络绎不绝，后来因本地香火旺盛而出名，久而久之，世人就习惯将"鹤鸣镇"称为"三庙镇"。民国二十年（1931年），三庙仍然称为"三庙镇"。民国三十年（1941年），三庙镇改称为"三庙乡"。1958年，三庙乡改称为"三庙人民公社"。1968年，改称为"春光人民公社"。1983年，恢复"三庙乡"称谓。1993年，合川市撤区并乡建镇，将原三庙乡、三岔乡合并，成立了三庙镇。一千多年来的自然资源和人文景观装点着三庙古镇。

从新中国成立到现在经过70来年的发展壮大，三庙镇辖区面积达到109.85平方千米，辖16个行政村，2个社区居委会，总人口56000多人，以种植业、养殖业和劳务经济为主要收入来源，是典型的农业镇。镇内基础配套设施完善，水、电、气，数字电视和通信设施一应俱全，公路网络已经形成，城镇建设独具特色，社会事业健康发展，社会和谐，人民安居乐业。三庙镇周围的"老虎山""凤凰坡""斗牛石""白鹤湖"以及"宝龙寺""石堰村""三岔秦家大院"等山水地名及其背后的故事意涵，饶有趣味，闻之惊异。尤其是拥有3.1平方千米湖面的白鹤湖，奇特的自然景观、成片的湖水荡漾、异趣的生态旅游，万千景象集为一体，揽合川西北明珠之风韵，被世人称为“世外桃源”，素有“西湖三月景，南海一枝春”之美誉。如此这般的宜人风景和深厚人文，既丰富了当地传统的民风民俗，也变异了乡间婚俗的来龙去脉。三庙坐歌堂，由来已久，坐歌堂的成套路数与时俱进，传承至今，堪当合川坐歌堂的典型代表之一。

二、悠久的历史文脉渊源

“坐歌堂”的历史源远流长，宋周去非《岭外代答》卷四《送老》记载：“岭南嫁女之夕，新人盛饰庙坐，女伴亦盛饰类辅之，叠相歌和，含情凄婉，各致殷勤，名曰送老，言将别，年少之伴，送之偕老也。”湖南《嘉禾县志》更有详细记载：“嫁女前夕，具酒馔，集妇女歌唱。歌阙，母女及村姑伯姨，相而泣，循叠相继，达曙乃止。”明末清初时，大批“湖广”移民进入四川，成为今天多数四川人的先祖，移民入川，风俗习惯也随之带入。伴随着时间的推移，一套完整程序的婚嫁礼俗“坐歌堂”也逐步形成。在20世纪50年代，由于人们生活还比较艰苦，尚无力关注文化方面的事情，所以传统婚俗中的坐歌堂习俗逐渐减少。改革开放之后，随着人们生活水平的提高，坐歌堂又慢慢开始举办起来。到了20世纪90年代，随着时代的不断向前发展和外来文化的冲击，坐歌堂的习俗又出现了衰退趋势。进入21世纪之后，坐歌堂习俗已经寥寥无几。非物质文化遗产面临严峻的生存环境，合川区文化馆和三庙镇政府在保护传统文化方面发挥组织带头作用，组织专门的宣传班来统一学习，并请专业的音乐老师指导，这对保护传统文化起到了积极作用。

传统婚俗中，姑娘出嫁的头天晚上要在家里举行坐歌堂。届时，四方姊妹邀约来到新人家，按照歌堂仪式和程序，迎接将要出嫁的姑娘(新姐)出绣房，参拜神龛香火，再拜长辈们，获得“压箱钱”。然后，在堂屋里早已布置停当的由几张桌子连排一起的“围桌”前，新姐与众姊妹们见面，伴娘搀扶新姐在“围桌”面对大门的正上方入座，众姐妹围坐。此时的“围桌”上有一面光亮的铜镜，正对着新姐，照出其明净的身影，凡姑娘未婚先孕者惧怕照镜，称之为“照四眼人”；反之则以证清白，意为“照新人”。众人心领神会之后，坐歌堂开唱，姊妹们陆续接唱出多种曲调多样歌词，内容包括祝贺新禧、留念故土、孝敬长辈、笑骂媒人、谢意众亲等，一直唱至大半夜，方才依依不舍离开歌堂。此一类坐歌堂的礼节和规矩，在合川各地大同小异，但都不得马虎，这正是合川坐歌堂的区域性传统特型。

传统婚嫁习俗中的“坐歌堂”，其活动在历代传承中形成了一整套内容丰富、风格独特、形式多样的系列歌曲，比如哭嫁歌、陪姐妹、对歌、骂媒、立歌堂等。这类歌曲一般通过老人口授，代代相传。据当地老人的讲述，清末民初的时候，合川地区“坐歌堂”就颇具影响，周边地区有姑娘出嫁的人家都会到合川学习“陪歌”。

坐歌堂的场面热闹喜庆，歌堂里烛光闪烁，歌声笑语不断。姑娘在出嫁的前夜，一般都会邀请自己的闺蜜们，聚集到新人家里举行坐歌堂，在堂屋中摆上多张桌椅，桌子上摆满糖果、瓜子、花生、胡豆等小吃和茶水，大家围桌而坐，歌堂上喜气洋溢，大家畅叙情谊，送上对新人的祝福。歌堂上所唱的歌曲大多是祖辈传承下来的，现在的坐歌堂也加入了现在的流行歌曲。新姐的闺蜜们用热闹有趣的唱歌方式，陪伴新人度过做女孩的最后一个夜晚，用歌声祝福新人在出嫁后的生活美满幸福。

三、仪式程序彰显丰富的文化内涵

按照传统歌堂仪式和程序，坐歌堂的仪式程序大致有四个步骤，分别为“迎灯”“起歌堂”“歌堂赛歌”“撤歌堂·送灯”，接下来对这四个步骤逐一介绍。

首先是“迎灯”。迎灯姐（新姐的闺蜜）手拿着烛灯把新姐从闺房迎进堂屋，新姐打扮端庄靓丽，身上穿的是男方前一天送过来的新衣服，头戴红色盖头，大家把新姐按坐在方桌排成一行的歌堂上方，在正中位置面向大门坐着，桌上摆放有开水壶、茶碗、糖果和一个镜面向里的镜屏等，闺蜜们分别围坐在新姐两边。新姐入座，一面光亮的铜镜正对着新姐，凡姑娘未婚先孕者惧怕照镜，称之为“照四眼人”；反之则以证清白，意为“照新人”。众人一看，心领神会，纷纷入座，歌堂开唱。屋里平静下来，个个聆听姑娘们的唱词，顿时悦耳动听、扣人心弦的旋律在夜空中弥漫回旋。其唱词如下：

1. 新姐出绣阁：

天上大星（心思亮明灯，明灯亮海棠），对小星呀（海棠花儿落，新姐出绣阁），十月有个（心思亮明灯，明灯亮海棠），小阳春哟（海棠花儿落，新姐出绣阁），手打蜡烛（心思亮明灯，明灯亮海棠），照新姐哟（海棠花儿落，新姐出绣阁），我陪新姐（心思亮明灯，明灯亮海棠），出绣阁哟（海棠花儿落，新姐出绣阁），蜡烛插在（心思亮明灯，明灯亮海棠），香火上哟（海棠花儿落，新姐出绣阁）。

2. 燕儿飞过河：

双双到屋（一个燕儿飞，一个燕儿落），迎灯妹（燕儿飞过河，新姐出绣阁），欢迎新姐（一个燕儿飞，一个燕儿落），到中堂（燕儿飞过河，新姐出绣阁），众位姐妹（一个燕儿飞，一个燕儿落），坐两旁（燕儿飞过河，新姐出绣阁），今晚陪姐（一个燕儿飞，一个燕儿落），做歌堂（燕儿飞过河，新姐出绣阁）。

等大家坐定，新娘掀掉头上的盖头，致谢众人，感谢大家来唱歌捧场。大家相互客套一番后，姐妹中有一人先领唱，谓之“起歌堂”。这是坐歌堂仪式的第二个步骤，“起头”唱歌的人会根据主人家的意思，宣布坐歌堂中的一般规矩，并根据具体情况，调节歌堂的气氛，鼓励大家多唱歌，歌唱当中要讲文明，不要伤了和气，以免影响歌堂的喜庆气氛等，其唱词如：

1. 金打剪刀一笼栽，歌堂好唱头难排。我把歌堂头排起，周围六亲请拢来。当坐上就坐上，当坐下就坐下。今夜闹热我姐姐，明天就是别家客。金打麻篓二层底，你有好歌来接起。

2. 一间房屋四个角，黑漆桌儿摆一桌。柏木板凳压四方，六亲姊妹坐四方。今夜我要起歌头，今夜歌头我不起。不起歌头贵气我，起了歌头贱了我。竹叶青来柳叶青，四方姐妹请接声。

3. 风吹荷花水面乡，姐妹要我主歌堂。我进一言来拜上，热热闹闹唱一堂。第一和气贵为上，第二又要讲排行。第三声音要响亮,第四姐妹要开腔。第五不要唱同样,第六不要断歌场。……一根丝线绿油油,姐妹要我起歌头。歌头歌尾我都有,众人多了难开口。歌长歌短随便唱,不可唱歌把人伤。上席唱来下席接,四方长期好热闹。

4.一行(溜溜)葱子一行(溜溜)蒜,打起(溜溜)蜡烛看针(溜溜)线,姐姐(溜溜)针线绣得(溜溜)好,妹妹(溜溜)针线赶不(溜溜)到,姐姐(溜溜)针线有花(溜溜)样,妹妹(溜溜)针线赶不(溜溜)上,花儿(溜溜)开在树儿(溜溜)上,快把(溜溜)歌儿请接(溜溜)上。

5.风吹荷花遍地香,小妹出来坐中央,姊妹要我起歌堂,开言声声送姑娘,今晚堂中抬头望,哪里不对要大量,老老少少坐四方,和和气气坐一堂,第一歌要和气唱,第七莫拿古语伤,第二唱歌依排行,第八莫要逞豪强,第三声音要明亮,第九唱歌莫同样,第四位位要开腔,第十莫要说短长,第五莫要争起唱,歌堂要依这十样,第六莫要把笑讲,哪位妹妹先开腔。

接着,新姐与姐妹们对唱,有对歌的味道。新姐唱歌叫"哭",这是新姐表达对即将告别父母又要告别单身生活的留恋惋惜之情,同时也是对儿子可以留在父母家,女儿必须出嫁的不满等。唱的歌曲内容有三个方面:一是表达对父母养育之恩的感谢,二是表达惜别兄弟姐妹、三亲六戚之情,三是感谢来歌堂的众女友。除此之外,也有骂媒人和抱怨父母的等。其唱词如:

哭嫁歌:

1.操心父母二双亲,女儿难报父母恩。皂角稀了半盆沙,到倒后檐生桂花。十朵桂花你要栽,十个女儿你要留。白天多打两角米,晚上多打二钱油。你把女儿带出头……

2.三四月间坐绣楼,我爹假意不开口,爹妈不把女儿留,过了今年莫来头,白布牡丹插花草,我娘听了眼泪流,朱红缎子做枕头,我爹夜夜在发愁,听说媒人要来走,女儿听了难开口,端阳过了望中秋,对着爹妈眼泪流。

3.后院苦竹十二根,哥六根,妹六根。哥哥六根起学堂,妹妹六根起绣房。哥哥学堂千年在,妹妹绣房不久长。

4.麻楝树儿起吊(哟)吊,姐姐(哟)明天坐轿(哟)轿,一个轿儿四个(哟)角,明天(哟)姐姐有吃(哟)喝,又吃粑粑又吃(哟)糖,又离(哟)妈妈又离(哟)娘。

新姐唱罢,女友们先齐唱一首,歌曲的内容大部分是夸赞新姐的,如人品好、才貌双全、知书达礼、心灵手巧、嫁妆气派等,然后女友们轮流唱一些歌曲,内容多是怀念多年友情、祝福未来等。其唱词如:

1.风水竹叶皮皮青,都夸新姐好人品。站到如同天仙女,坐到犹如秀观音。新姐聪明巧针线,挑花绣朵色色鲜。画出龙来龙摆尾,绣出凤来凤凰飞。

2.姐妹陪奁难尽数,时新花样胜姑苏。湖绉罗衫双凤舞,下穿湖裙鹦哥绿,檀木桌儿铺市布。象牙床儿嵌珍珠,灵工巧匠亲手做。玉石琵琶金香炉,七笼八箱无其数。明天姐姐离贵府,不知哪天转归屋。

3.媒人到家送期单,裁缝见封心喜欢,妈把绫罗扯几段,手拿剪刀就开剪,铺开凉床就开剪,这个裁缝不偷闲,几张桌子铺红毯,头裁旗袍是红缎,封个喜封摆桌面,二裁装郎兰长衫,三裁女儿衣件件,大红绸缎做被面,件件都要把花盘,一幅白绸正合适,四季衣裳缝齐整,绣对鸳鸯做帐帘,然后才裁花卧单,还有血青布一段,选段料子更鲜艳,带到婆家做门帘。

"起堂歌"结束,进入坐堂歌中最热闹也是时间最长的"歌堂赛歌"环节,其中也包括了骂媒人,这个阶段中唱歌的内容与形式更加广泛,大多是即兴对答,女友们打闹嬉笑,施展才艺,骂媒人,相互比嘴功等。这类歌曲有一问一答形式的,也有集体演唱的。如下:

1.问:螺蛳下滩滚青苔,乡里大姐上街来。头上又把花儿戴,脚下又穿扎花鞋,唱的歌儿不舒派,想再歌堂显人才。

答:姐唱歌儿真好听,好像母猪抽板筋,今夜陪你唱一阵,分个高低论输赢。

2.问:你说那个一来,谁给我对上一,什么开花在水里?

答:你说那个一来,我给你对上一,荷花开花在水里;

问:你说那个二来,谁给我对上二,什么开花牵藤藤?

答:你说那个二来,我给我对上二,花生开花牵藤藤;

问:你说那个三来,谁给我对上三,什么开花叶儿尖?

答:你说那个三来,我给我对上三,柑子开花叶儿尖;

3.齐声唱:红箱子,十二格。打发幺兄弟,去接小姐姐。接起回来过正月。

问:正月有个什么节?答:正月有个元宵节。

齐声唱:红箱子,十二格。打发幺兄弟,去接小姐姐。接起回来过五月。

问:五月有个什么节?答:五月有个端午节。

诸如此类的歌曲还有很多,比如:十二月绣花、十二月采花等,这类歌曲参加的人数比较多,唱起来也比较热闹有趣。大家争先恐后地纷纷亮出自己的歌喉,独唱的有,合唱的有,对唱的也有,真可谓你方唱罢我登场,歌声笑声不绝于耳。

此时,还有一个特殊人物值得一提,就是媒婆,也许她正坐在某个角落里,悄悄地不发一语,因为歌堂里有一个环节是针对媒婆的。"歌堂赛歌"中的"骂媒"环节是颇具风趣的,不仅新姐骂,众姐妹也跟着骂媒人。由此可见,媒人这碗饭也不是那么好吃的,之所以存在"骂媒"这个环节,主要原因有两个方面:一是借此提醒媒人,做媒人要遵守职业道德,不要为了钱财乱点鸳鸯谱;二是在当地习俗中有这样一种讲法,坐歌堂中如果对媒人骂得越厉害,新姐出嫁后才越能去掉身上的晦气,而且媒人也可以交上好运。"骂媒"的歌有很多,如:

1.四季豆开白花,背时媒婆夸婆家。一夸婆家大田大,三棵秧子栽不下。四季豆开白花,背时媒婆夸婆家。二夸婆家地坝大,晒箩谷子晒不下。四季豆开白花,背时媒婆夸婆家。三夸婆家街檐大,登个板凳登不下。四季豆开白花,背时媒婆夸婆家。四夸婆家堂屋大,一张桌子安不下。四季豆开白花，背时媒婆夸婆家。五夸婆家房子大，不如别人丝瓜架。四季豆开白花，背时媒婆夸婆家。 六夸婆家猪圈大，喂个猪儿喂不下。

2.端个板凳媒人坐，媒人坐下听我说，三十二句由你讲，四十五句由我说，不骂媒来别客笑，骂得媒人来你耳烧，不骂媒来不成礼，骂得媒来得罪你，得罪你来莫怄气，还望你要高见些。三根金竹搭金桥，别人过桥闪摇摇，媒人过桥闪断桥，尸首下河无法捞，尸水跟到河水跑，尸骨冲到石旮旯。绿豆开花从根起，处处做媒都是你，说得爹妈心欢喜，就把红庚开给你。说包圆来就包圆，做媒要包六十年，要包三年不煮饭，要包三年不上坡，热来包我凉亭坐，冷来包我热火火，包来包去包不着，嫁到他家受折磨。

3.一脸粉来二脸麻，媒人生来脚板大，走了东家走西家，天天都想奴家嫁，你家也有姐和妹，为何不去配成对，你家也有姐和娘，为何不去配成双。

坐歌堂中“骂媒”的环节，一方面调节了歌堂的气氛，另一方面也表达了人们对美满自由婚姻的向往，以及对“父母之命，媒妁之言”这种婚姻观念的不满。当然，众人骂过媒人后，还是要给媒人挽回点儿脸面，这样的歌曲也有很多，如：

我骂媒人不本性，骂了媒人有好运。媒人遭骂免灾星，伸伸展展好做人。歌堂骂人是取笑，姐妹都要讲礼貌。劝你莫把媒人骂，穿针引线全靠她。

除此之外，对于做了好事的媒人，也是要谢媒的，如：

砍杉树，搭杉桥，媒人走起闪摇摇。趴在桥上老鹰啄，趴在桥下螃蟹夹。夹一嘴，叫一声，哪个喊你当媒人。你做媒人想穿鞋，树上雀儿哄得走。一颗谷子两头尖，我把媒婆当猪牵。青丝帕儿包胡椒，不骂媒人气不消。

除了骂媒人的歌曲，还有赞美婆家的歌曲，如《菊花歌》：

天上（溜溜）落雨细细（溜溜）洒，金盆（溜溜）打水逛菊（溜溜）花。菊花（溜溜）落到金盆（溜溜）里，新姐（溜溜）落到富豪（溜溜）家。富豪（溜溜）家里礼行（溜溜）大，十个（溜溜）盘子九样（溜溜）花。堂屋（溜溜）吃饭红花（溜溜）碗，房屋（溜溜）梳头戴菊（溜溜）花。

值得一提的是，在古时传统婚嫁中的坐歌堂都是女子在唱歌，不允许男子来唱歌，男子只是围着看热闹，现在的坐歌堂已经没有了这方面的限制。古时不让男子参与，从歌曲《哪有男子来听歌》中可以看出来：

一张柳叶窝又窝，哪有男子来听歌。男子听歌有学堂，女子听歌有歌堂。窗子门，格格稀，外头猴儿笑嘻嘻。窗子格格格长，外头猴儿在商量。商量啥子哟？一脚踢到门角角，个人回去练狗窝。……

在大家的欢声笑语中，不知不觉已过了三更，坐歌堂也进入最后一个环节“撤歌堂”。众姐妹齐唱一曲送行的歌之后，把新姐从歌堂送回绣房休息，第二天一大早，男方迎亲的花轿就要到女方家。送行的歌有：

1. 歌堂坐了大半夜，姐妹来把歌堂撤。双手推开窗前月，迎灯姐妹忙来接。送你新姐早安睡，明早花轿要来接。今晚闹热娘家女，明晚闹热婆家客。

2.《柑子歌》

当门（溜溜）是个什么（溜溜）土，当门（溜溜）是个四方（溜溜）土，四方（溜溜）土儿栽什（溜溜）么，四方（溜溜）土儿栽柑（溜溜）子，柑子（溜溜）好吃要剥（溜溜）皮，姊妹（溜溜）好耍要分（溜溜）离，柑子（溜溜）好吃十二（溜溜）瓣，姊妹（溜溜）好耍要分（溜溜）散。

3.《转绣房》

月儿弯弯，黄果叶儿吹，青冈叶儿落，照华堂（哟），新姐儿转绣房；我陪姐姐，黄果叶儿吹，青冈叶儿落，转绣房（哟），海棠花儿落，新姐儿转绣房！

至此，在欢声笑语里，“坐歌堂”的仪式落下了帷幕。闺蜜们和围观的乡亲们相继离去，新姐也回绣房休息，等待第二天男方派人来接亲。

四、地域个性化的音乐特征

坐歌堂的曲调不仅具有“女儿歌”的委婉、细腻的特点和旋律优美动听的艺术魅力，且形式短小隽永，斑斓多彩，音乐风格别具一格。歌堂的演唱形式极为多样，有独唱、对唱、卉唱、领和及二声部（哭嫁歌与歌堂调）叠合演唱等，坐歌堂的演唱不仅喜庆、活泼，而且热闹又风趣。

合川坐歌堂是合川民间婚俗中的一个环节，具有重要的历史人文价值。其模式为，新娘出嫁前一个晚上，在神龛香火前叩头、立歌堂、哭嫁、坐唱陪姊妹、骂媒、对歌、数落十姊妹嫁十匠等，直到夜半撤歌堂，通过这一系列的形式和内容，表达告别亲人的依恋情感，因此，合川坐歌堂的模式，具有深厚的历史价值。

合川坐歌堂的歌唱，包含其歌词、曲调、吟唱三要素。歌词的词句朴实、直白，在描述生活琐事和平常细节中，表达深情厚谊，抒发感人的情愫。曲调旋律婉转、舒缓，采用乡间小调如“溜溜调”、流传俗曲如“对歌”等作为音调，间或有专用的“哭嫁”“陪姊妹”“离娘调”等曲子，显示出乡间音乐丰富得体的特点。吟唱动听，于歌堂之中尤其亲切悦耳，感染人心。如此的坐歌堂的歌唱，具有内涵广博的人文价值。

有史以来，合川坐歌堂的习俗秉承中华民族礼仪之邦的优良风尚。尽孝父母，不忘养育之恩；友善乡邻，不舍姊妹情谊等传统的礼仪和情感，传承、萦绕在乡间歌堂，在民众心里产生着潜移默化的影响。古合州婚俗中坐歌堂这一重要习俗，沿袭孝义礼仪，有利于加深亲情乡情，有传承价值。根据调查发现，古时候在合川三庙镇，凡是有嫁女儿的人家，无论贫苦还是富裕，几乎都要举行坐歌堂这样的传统习俗活动。新中国成立前，坐歌堂中所唱歌曲的内容主要以哭嫁歌曲居多，形式比较单一。新中国成立后，坐歌堂中又增加了新的唱词，比如歌颂中国共产党、东方红、样板戏等内容，形式也开始变得多样化。随着时代的发展，坐歌堂也在不断地发生着变化，加入了更多的元素，比如流行音乐或一些主题比较明确的现代歌曲。

合川坐歌堂是一项值得世代传承的非物质文化遗产。随着时间的不断流逝，坐歌堂这种传统习俗文化有消失的可能。为此，合川区文化馆在收集整理相关素材之后，组织专门的人力物力，创作了《乡音·闺情》《坐歌堂》《石榴叶子吹》等具有浓郁地方特色的歌曲。

荣昌盘龙镇生生不息的客家文化

潘思章

在清初“湖广填四川”的移民大潮中，重庆市荣昌区盘龙镇的移民，大都是从湖广迁来的，其中从广东梅州地区来的客家人尤多。他们聚群而居，自然形成了客家人群居的村落。据统计，盘龙镇现有人口8.3万人，其中客家人就有5万左右。他们群居的村落都说客家话，于是盘龙镇就形成了讲客家话的方言岛，是重庆市最大的客家方言岛。他们不仅讲客家话，还把祖居地丰富多彩的客家文化带到了盘龙镇。300多年来，客家文化在这块土地上生生不息，异彩纷呈，它的丰富内涵，值得我们深入研究和发掘，以让这朵汉民族文化的奇葩，更加灿烂夺目，永放光彩。

一、“客家方言岛”的形成

就迁徙到盘龙镇的数个客家群体的家史追踪溯源来看，就能知道他们原来的民族属性和迁徙到盘龙的艰难历程。

居住在四川省隆昌市周兴镇、重庆市荣昌区盘龙镇的颜氏族人，是客家人。据《颜氏族谱》记载，他们的祖先是轩辕黄帝子孙，是北方的汉民族。春秋战国时期，属鲁国附庸国。始祖复圣颜回，是孔子大弟子，祖居山东兖州府曲阜县。二十四世祖颜盛，封关内侯，由鲁（今山东曲阜市）徙居琅琊临沂（今山东临沂市）。三十七世祖颜师古，早年随父到同州（今陕西渭南市大荔县），隋大业十三年（617年）后迁京兆万年（今属西安市）为官，官至中书侍郎。后代受家学熏陶，博览群书，精训诂之学，大都为儒家学士或朝廷命官。后因战乱，宋王朝从中原（指京都开封）南迁，四十九世祖颜复亲率六子，为宋高宗赵构护驾，南徙至闽泉州晋江。五十九世祖颜希之，乃南宋理宗时的沐宣除状元，将任抚州（今江西抚州市）巡抚，上任途中，行至江西宜黄，遭乱世兵阻，遂居家隐于江西宜黄之朱溪，后又卜居宝塘种湖。到六十一世祖颜仲荣时（约1295年），自宜黄而宦游广东，卜居岭南长乐（今梅州市五华县）。在长乐，同当地客家人共同生活，历经十五代，繁衍生息，长达400多年，已融入了广东客家民系，成为地道的客家人。

清康熙四十三年（1704年），颜回七十六世孙、入川始祖颜祥麟，应清政府号召，由外公带领他和妻子李氏，从客家人聚居的广东长乐县（今五华县）金竹园出发，历尽艰辛，经数千里长途跋涉来到四川，先落脚富顺。乾隆年间（1745年左右），极富开拓精神的入川二世祖颜云彩，由富顺迁徙到隆昌周兴，以银饰制作手艺发家致富，创建了颜氏荣隆二昌家业。颜氏族人在隆昌周兴镇宋家坝和荣昌盘龙镇汪家山等地居住，经十余代繁衍生息，至今发展到7000多名族人，他们家庭内部讲的是“客家话”，是盘龙镇客家方言岛的重要成员。

《潘氏族谱》记载，居住在盘龙镇永陵村的潘氏客家人，祖先原来也是中原人氏，西晋时期，始祖潘中牟居河南荥阳（今郑州荥阳市）。永康元年（300年），中牟四世潘尼时任尚书郎，在赵王篡位，奸臣孙秀当权时期，其堂叔潘岳，字安，曾任河阳、怀县令，士大夫，西晋文学家，才貌双全，人们常以“才比子建，貌若潘安”作为男人形象的比喻。潘岳被诬阴谋造反，被杀，夷三族。潘尼借病乞假归里，躲过这一浩劫。因其与潘岳叔侄俱以文学齐名，世称“两潘”，享誉文学界。一年后，潘尼追随齐王起兵讨伐赵王，平息赵王之乱后，潘尼被封为“安昌公”，后升中书令（相当于丞相），为潘岳平反昭了雪，并亲自将潘岳的尸骨从京都洛阳运回原籍中牟县安葬。此后，族人为避战乱，往南移居江西宜黄。四十一世潘琴南迁至广东长乐，后代于1320年左右移居惠州兴宁县（今兴宁市），在广东长乐、兴宁县居住近400年，繁衍生息越十七代，融入了客家民系。

入粤十七世（中牟五十七世孙）、入川始祖潘恒美，应清政府移民填川诏令，扶老携幼，举家于1680年左右由广东省兴宁县东相枫岭动身，行至江西上犹县，盘缠用罄，无奈之下就在上犹住下。于清康熙癸巳年（1713年）冬，再次从江西动身踏上填川之路，历经艰辛，行程数千里，在荣昌小滩桥落脚，后移居隆昌东乡（今荣昌县荣隆镇）大户湾。入川三世长房潘毓盛迁出祖居地，后代辗转至荣昌仁义镇，历经三代艰苦磨难。1815年左右，入川六世潘成周到达荣昌盘龙镇新福村（今永陵村），购置田产，后代安居乐业。

居住在盘龙镇石田村的周氏家族，也是客家人，其祖先是黄帝子孙。周平王少子封于汝州（今河南汝州），后因战乱南徙，周子寿为江西抚州始祖，居江西抚州府临川县东都一带，至十世孙周佐迁广东省嘉应州兴宁县水口墟张公寨，于清乾隆辛酉六年（1741年）六月二十九日，周元侊（十三世孙）率子孙三代历尽艰辛，随“湖广填四川”大潮进入四川，来到荣昌县昌明里（今盘龙镇）石板田杨家河永福桥。周元侊用碗在杨家河边舀水喝，不慎将碗掉入水中，认为这是天意；他环视四周，满眼沃野，便决定留下来。据《周氏族谱》记载，他们是背着老祖宗的精骨一路前行，其骨骸埋在石田村。祖辈均以农耕和编麻布为生，人丁兴旺，成为盘龙场一大家族。

居住在盘龙镇土墙村的李氏，也是客家人。据称，这一脉李氏家族，是晋朝陇西太守李崇的后裔，西晋灭亡后，中原大迁徙，至南宋淳熙八年（1181年）李珠迁居福建汀州府宁化县石壁村李家坊立业，其子李火德因兵乱偕妻伍氏，从宁化石壁村徙居于上杭县（今福建龙岩市上杭县）胜运里丰朗岗头，李火德是宋朝举人，壬辰科晋升进士，曾出任江宁知县、南安府、九江府太守，后征寇有功，晋封关内侯。至火德公十二世李仕诚，自江西赣州府龙南县（今龙南市），迁至广东惠州府龙川县十一都司百齐约大河老屋世代居住（客语区）。清康熙五十九年（1720年），广东龙川县百齐约李昌熺入川迁至荣昌昌元里(今盘龙镇)八甲老马张落户。清雍正丁未五年(1727年),同族李元恭自老家广东惠州府龙川县百齐约大河老屋,迁徙到盘龙镇土墙屋基。

居住在盘龙镇石河沟的陈氏,也是客家人。《陈氏家谱》记载:陈氏先祖西周时封于陈国,中原人氏,以后朝代更易,不断南迁,陈氏从福建汀州府宁化县葛藤坳石壁村迁江西吉安府太和县,后迁广东惠州龙川县、长乐县。乾隆二十五年(1760年),陈氏入粤第十二世孙陈万珍兄弟五人从长乐(今广东五华县)罗江溪启程,历尽艰辛来到离盘龙镇2.5千米的石河沟落户。

据悉,在盘龙镇的客家人中,还有桐花寺的刘永珍,乾隆七年(1742年)二月初五,携子孙三代从广东嘉应州长乐清化乡衔水曲老屋基入迁桐花寺;盘龙合靖双井冲的林瑞权,乾隆二十三年(1758年)从广东惠州和平县钟斜屋基入迁双井冲;大建剑山柏树林的钟氏,乾隆年间从广东长乐县龙归洞入迁大建剑山;大建黑虎寨的张绎龄,康熙五十六年(1717年)从广东长乐南楼黄埔村入迁大建黑虎寨;雷波村朱家井的朱氏,以及韩氏、叶氏、卢氏、杨氏、高氏等,都是从广东东北部的客家人聚居区域,先后随着"湖广填四川"的大潮,迁到荣昌盘龙的。于是,这些不同姓氏的客家人,便在盘龙镇广袤肥沃的丘陵地区扎下了根,形成了独具特色的客家方言岛。

这群客家人的祖先,源自中原,在黄河流域的中原地带世代生活,是以农耕编织见长的原住汉民族。从唐宋时期开始,由于受北方游牧民族入侵,以及天灾、瘟疫等原因,客家人的祖先被迫南迁,辗转向长江以南各省及海外播散。客家人是汉民族重要的支脉,保留着汉民族的固有属性。客家文化源远流长,客家文化亦被誉为"中原古文化的活化石",更是中华文明之瑰宝。客家人的祖先都有着光辉的历史,很多人曾在朝廷做过大官,还有不少著名的文人骚客,留下了光辉的篇章。他们传承了古老中华文化的精髓,为中华民族的发展和进步做出过卓越贡献。

二、客家话(又称"广东话")

客家先民迁移到江西、福建、广东后,他们的语言不可避免地受到当地方言土语的影响,于是,客家话中便掺杂了不少所在地的方言土语,渐渐地便形成了独特的客家语系。有学者认为,客家话在南宋便初步定型,而被定名为"客家语",则是20世纪的事情。据语言学者研究,客家语是以广东梅州语为代表。盘龙镇的客家话,经有关人士比对、核查,发现它与今天的梅州话极为近似,尽管盘龙镇的客家人,经历了300多年的时间洗礼和社会变迁,但他们的客家话的基本语音和韵调,依然原汁原味地保存着广东梅州话的主要特征。

盘龙客家人祖先在入川时,语言不通,先迁入四川的湖北移民及官方语言,使用的是四川话(或称"湖广话"),属于湖广话语系。由于不懂四川话,他们的生活举步维艰,甚至还吃过亏。为此,盘龙镇的客家人为了生活,不断地学习四川话。随着时间推移,客家人学会了居留地的主流语言——四川话,具备了"双语能力"。同时,他们也珍惜自己的客家话,秉承"宁卖祖宗田,不失祖宗言"的祖训，300多年来其语言保持着没有被当地同化的原生态。有语言学者对“客家话”进行过研究，发现很多称呼和语言韵味保留着古汉语的特点，有极高的研究价值。

按客家风俗，客家人是不与非客家人通婚的，但迁居盘龙镇后这一惯例却被打破了。娶进来的非客家人媳妇，半年内必须学会客家话，否则会受到长辈的斥责，这就确保了客家话不至失传。

在语言上与四川语言有所不同，比如，他们称呼曾祖父为“太公”，有似姜太公之称法，称曾祖母为“太婆”，祖父为“阿公”，祖母为“阿婆”，外公、外婆为“甲公、甲婆”，父亲为“阿巴”，母亲为“阿咪”或“阿娘”，舅父舅母为“秋伢、秋娘”，儿子为“奶子”；称昨天为“初布（平声）尼（去声）”，今天为“今（去声）尼”，明天为“沙尼”，吃饭为“舍饭”，太阳为“尼（去声）头”，月亮为“尼（去声）光”；称鸭子为“嘎子”，芋头为“戊子”，茄子为“雀子”，辣椒为“该椒”，南瓜为“方瓜”等。

三、盘龙古镇的客家人

传说，300多年前，离盘龙寺不远的山冈上，仅有简陋的几间破店子，由于战乱，破店早就没人住了。随着清政府的“湖广填四川”政策的实施，华南各省的大量移民陆续落户这里，古店焕发了生机，店铺陆续多了起来，并兴修了几座宫庙式的会馆，经多年繁衍生息，人丁逐渐兴旺，“幺店子”变成了颇具规模的盘龙古镇。

在新中国成立前，盘龙古镇的街道呈“东南—西北”走向，北高南低，居住着300多户人家，有下街、正街、麻街子、花街子、横街、打铁巷、天洋坪等数条街道，被九大寺庙填得满满的。四道栅子门封镇，夜间有更夫通宵值班。大青石铺成的街面和街沿两旁，商铺林立，错落有致、鳞次栉比的屋宇，千姿百态，古香古色，令人陶醉。

随着经济发展，盘龙镇的手工作坊迅速兴起，有酿酒作坊四座，榨油房两座，印染房、酱园厂、弹花店、缝纫店数家，铸锅店一处，铁匠铺数家，其他门类作坊、米店、绸缎铺、花纱布店、药铺、杂货店、茶馆、酒肆、旅店等，应运而生。其中大半的作坊、商铺，都是客家人开的：下街朱宗德、李俭雄和花街子周家的糟房几乎垄断酿酒业，麻街子李仕珍、横街李方永的油房成为盘龙镇榨油业大户，李仕珍的酱油铺独家经销，正街上的叶家印染房、花街子的刘家铸锅店都是客家人，双井冲的林氏家族在盘龙开了几代中药铺，灾荒年月施药济人，很有名气。这些店铺老板，为活跃盘龙市场经济，都坚守着传统经营方式，以诚信为本，公平交易，深受民众好评。

盘龙镇麻布生产，散布于农村，当地农民根据市场需求编织幅宽、粗细不同的各类麻布，通过盘龙集市交易，商贩雇挑夫（俗称“麻布脚子”）将夏布运往荣昌、隆昌，经漂染加工、包装，成批外运至成渝各地。盘龙镇客家人在麻布营销上独占鳌头，如下街朱禹九“五福恒”商号、颜伯炯“建成”商号、黄荣泰“荣泰长”商号，正街马荣峰的商号等都在盘龙设点收购麻布，运往荣昌城濑溪河观音桥旁的作坊加工（漂晒、碾压、封装）。质地优良的盘龙夏布，经濑溪河水的清漂和后期碾压加工，才会显现出洁白细嫩、晶莹光亮、平整无毛刺的质地特点，更具市场竞争力，最后封装贴上商标，变成物美价廉的名牌——荣昌夏布。为此，濑溪河也有了名气。盘龙镇的客家商家，依托夏布生意，赚得盆满钵满，同时为盘龙镇的经济繁荣带来新的活力。

盘龙镇商贸繁荣，并不限于本地市场。20世纪20年代，客家人颜礼盛（1876—1941）“玉成通”商号，曾组织多支马帮，打通麻布远销云南、贵州等地的商贸通道，将“荣昌夏布”通过茶马古道驮运到富顺、叙府（今宜宾）、筠连、盐津、毕节等地销售，并将沿途的珍贵药材、盐巴（富顺邓关产）、茶叶、土漆、桐油、黄麻、苎麻（筠连产）等山货运回盘龙，至20世纪40年代末，因匪患猖獗才被迫停止，对活跃盘龙市场经济做出过重大贡献。“马帮铃声叮当响，四方财源滚滚来！”靠着骡马搞运输，是那个年代做生意的最佳选择。人说客家人做生意，有“东方犹太人”美誉，真是一点儿不假，盘龙镇的客家人，有那么点儿遗传基因——不但会绩麻、织布，还会做各类生意，展现了客家人经商的才智，真叫一绝。

四、艰苦创业，建美好家园

从康熙五十三年（1714年）开始到乾隆二十五年（1760年）的近50年间，客家人陆续来到盘龙镇落户，也有的是从其他入川落脚地辗转来到盘龙镇的，相比其他非客家籍族群晚了30多年。这期间，那些先来一步的外省移民，虽然人口并不多，但他们已占尽了良田沃土。后来者，则是从先期移民那里佃耕（或购置）种植，或到边远山区去开垦荒地。

盘龙镇乡村，地势平坦，土地肥沃，气候温和，田多地少，适于水稻等多种农作物生长。客家人勤劳，冬季农闲时，他们便转向手工作坊方向发展，比如竹编、木制品、大米加工等，活跃集贸市场。刚入川时，单纯的农耕种植，使他们在生活和生产上相当窘迫。精明的客家人，很快就把从广东带来的苎麻种植起来，继而发展了麻布手工编织业。麻布又称“夏布”，自古以来是制作夏服、蚊帐和储粮口袋等的最佳材料，具有挺括、柔韧、透气、牢实等特点，深得百姓喜爱。为此，盘龙镇一家一户的织布作坊，像春笋般茁壮成长。麻布编织前期作业工序，如绩麻线、挽麻团，都是费工费时的活儿，适于分散农户家庭劳作；后期如牵线、上浆、排线、上机、织布等技术活，由织布作坊工匠完成，逐渐使麻布产业分工，提高了麻布生产效率。在盘龙镇上有专门买卖麻线的一条街（麻街），农户就把麻线挽成麻线团上市交易，形成麻布产业市场。客家方言岛中心的盘龙，以及邻近的周兴、荣隆等集镇，便逐渐成为麻布生产基地。收购和营销麻布的商户，大多数是客家人创办的商号，将麻布外销到成渝及全国各地，使荣昌麻布誉满全国。资料显示，全县经销夏布的商号就有40多家，全国争相到荣昌设立商号经销的商贩，有京帮、西帮（山西、陕西）、上海、河南等20多家，年销量达70万匹，产值达200万元（银圆）左右。光绪年间《荣昌县志》载，有“比户皆绩，机梭之声盈耳，富商大贾，购贩京华，遍递各省，百年以来，蜀中麻产，惟昌州（今盘龙）称第一”之誉。在民国十二年（1923年），荣昌精漂夏布，在天津博览会上荣获第一名，有“濑溪河水压全国”的美誉。盘龙民众农商并举，反过来又把汇积的大量资本，用来购置田地、大兴土木、活跃市场经济，使麻布编织业成了盘龙场的支柱产业，盘龙场的经济繁荣，客家人功不可没。

客家人把客家传统建筑风格也带到了盘龙镇，不仅在集镇，还发展到所在乡村。富裕了的客家农户，用积存资金建起了一座座客家风格的建筑。尽管这些建筑年久失修，已斑驳陆离，笔者见到时已破损不堪，但它们的建筑风格让人陶醉。

盘龙镇靠酱园业发家的客家人李仕珍，在麻街子到盘龙寺通道旁修建了一座客家庭院式的私宅，人称“李家花房子”：高雅门庭，蔚为壮观，楼台亭阁，飞檐斗拱，气势恢宏。高耸的屋脊用彩釉装饰，屋面是重叠的小青瓦，有似琉璃瓦风采，格外华丽，风貌和色调都体现着鲜明的客家建筑风格。下街子麻布经销商“荣泰长”老板、客家人黄荣泰，在这里开办起了夏布庄，他的西式三层小洋楼，挺立在街旁，独领风姿，有鹤立鸡群之势，圆拱形的立窗两边的线条和圆拱上的浮雕图案元素充满欧式建筑特色。散落在乡间的客家人建筑，也是广东客家建筑的翻版。如宋家坝的颜家花房子，聋子冲的颜氏老屋，石田村的周家大院子，新福村的潘氏三重堂、潘家老房子，桂花村的林家花房子，荣隆镇的潘家入川祖屋，油草田的潘家花房子等，都属于宽大的方形四合院，呈九井十厅堂布局，加上屋前大石坝，极具广东梅州典型的客家“围屋”特色，明朗耀眼，广东客家风光在这里得到完美的体现。

客家人的祖墓样式，也有它丰富的文化内涵。经查证，盘龙镇、荣隆镇和周兴镇的客家人族谱记载，数座晚清和民国时期的客家人祖坟，都是预先用板石砌成深基（棺椁），然后将棺木放入其中。墓墙用条石砌成八字形或环抱式，拜台多为石板铺砌。其主要特点是墓碑和牌联凹进，八字形墓墙向外逐渐放低延伸，环抱弧形墓墙保护拜台，犹如一只盆，人称“石脚盆”，这是典型的广东客家坟墓风格。

五、结束语

盘龙客家方言岛，驰名川渝大地，构成重庆特色经济圈重要节点。这里的客家语范畴远不止于盘龙镇，周边的荣隆、周兴、界石等镇还有很多，比如颜姓、潘姓当初入川落脚点就在周兴和荣隆，后来逐步向盘龙石田、大建扩张。客家方言岛的形成，很大程度是因为当地的客家人找到了一条致富的门路，把麻布编织业作为农户生存的一大支柱，市场需求带动生产发展，坚实的经济基础，使之经久不衰。米袋子和钱袋子都鼓起来的客家人，谁会离开这一块风水宝地？ 这也是300多年来客家方言岛固守一地发展的主要原因。

重庆地名通名的文化景观形象

李正权

一、引言

所谓景观，是指一定区域呈现的景象，也就是视觉效果。景观是“景”通过我们的眼睛在我们头脑中形成的景象。这样的景象一旦形成，往往就会在一定程度上脱离现实之景，具有一定的独立性。特别是当我们已经离开某现实之景后，头脑中依然还保存着与此景相应的景象，这种景象更具有独立性。具有独立性质的景观，或许可以称其为“印象景观”。我们要讨论的重庆地名通名的景观形象，就是这样一种印象景观，也是一种文化景观。

一个地名，不管其长短，哪怕只有两三个字，都需要专名与通名来构成。有时候，地名中看似没有通名，那只是人们在日常使用中省略了而已。在汉语中，地名的通名并不太多，绝大多数都可以在全国通用。由于长期和普遍的使用，人们对地名通名所指代的地理实体的类就有了相应的认知，就会形成相应的景观形象。例如说到山，人们头脑中就会出现山的形象，也就是相对于地面的那个高耸的部分。但是，这山的形象究竟如何，是怎样“高耸”的，“高耸”得如何，“耸”得有多“高”，不同的人有不同的认识，在头脑中形成的形象也就大不相同。上海有宝山，宝山原来只是一座微微隆起的土包包而已，在重庆人看来，那哪里能够算作山。但上海是长江泥沙冲积而成的，一马平川，有那么一个土包包，也是“地面形成的高耸的部分”，称其为山也不错。因此，地名通名在不同的人的头脑中，特别是在不同地区人们的头脑中，其景观形象往往大不相同。

同时，中国国土面积大，地形复杂，地貌丰富，不同地区的文化传统、风俗习惯、方言语音等往往又存在着很大的差异，很多地方都有自己独特的地名通名。这样的地名通名虽然局限在某个地方使用，但从那汉字的形、音、义上，人们依然可以通过推测或猜想，在头脑中形成相应的景观形象。外地人头脑中形成的景观形象，与本地人头脑中形成的景观形象，很可能是大不相同的，甚至是完全错误的或完全相反的。不仅外地人与本地人有关地名通名的景观形象难以完全相同，就是本地人中也可能因为对地名通名的理解偏差，形成具有偏差的甚至错误的景观形象。例如重庆有很多叫“塆”的地名，由于书写混乱，如今大多写成“湾”。于是，当听到诸如大田湾、学田湾、肖家湾之类地名时，在相当多的重庆人头脑中出现的是与水、河、湖相关的形象。事实上，塆是山间的小平地，与水、河、湖完全无关，上述这些“湾”也应全部写成“塆”。由此可见，景观的形成过程和最终结果都有相应的文化性。

地名大致可以分为自然地理实体地名和人文地理实体地名。自然地理实体具有相应的景观形象，其地名通名的景观形象也就容易理解。人文地理实体地名通名往往都是人为设定的，要形成相应的景观形象也就需要一个长期的过程。特别是诸如行政区划之类的地名通名，几乎与自然地理实体无关，或者说没有自然地理实体那样的景观（“州”的本义是洲，最先或许与自然地理实体相关，可以除外）。即使如此，其通名也可以形成一定的景观形象。虽然改革开放以来我国城市化步伐加快，省与自治区、市与县、镇与乡的区别越来越小；但听到某某市时，人们首先想到的是高楼大厦，是繁华街道；说到某某县时，首先想到的是房屋低矮，是大片农田。早些年，内地人初次来到沿海地区，看到那样多的高楼大厦和成片厂房，一问才知道当地竟然只是一个“村”，往往会大吃一惊，感到困惑。行政区划地名通名的景观形象，与我们对诸如省、市、县、乡之类地名通名的理解，以及与我们实际上接触或体验过的行政区划密切相关。至于说到开发区、保护区，其景观形象更是大不相同：前者首先让人们想到的是宽阔的公路，是成片的厂房；后者首先让人们想到的是青山绿水，而绝不会首先想到摩肩接踵的景象。

重庆地处峡谷之中，有长江、嘉陵江环绕。在全国（甚至在全世界）的大城市中，地形地貌的丰富度都堪称一绝，这就为重庆自然实体地名通名的丰富性、独特性奠定了基础。重庆又有三千多年历史，“地势刚险，重屋累居”（《华阳国志·巴志》），具有山城、江城以及火炉、雾都、桥都之类别称，过去有诸如吊脚楼之类的各种特色建筑，如今的魔幻建筑更是层出不穷，这又为重庆人文地理实体地名通名的多样性、地方性提供了保证。重庆地名通名独特的景观形象，包含着丰富深邃的文化意味，应当成为重庆地名文化研究的重要内容。了解或理解重庆地名通名的景观形象，不仅对来重庆的外地人具有重要意义，重庆本地人也能从中获取相应的知识和趣味。

由于绝大多数地名通名都是全国通用的，这样的地名通名在人们头脑中形成的景观形象往往大同小异。在讨论重庆地名通名景观形象时，我们没有必要将那些大同小异的地名通名全部纳入本文中。本文要讨论的是那些独具重庆地方特色的地名通名，以及虽然是全国通用但在重庆人头脑中形成的景观形象且有其自身特色的地名通名。同时，鉴于作为直辖市的重庆相当于一个中等省，地域广大，人口众多，在不同语境中人们对重庆的理解可能各不相同，为了不引起误会，本文将其限制在重庆主城核心区范围内，一般不涉及核心区之外的地名。特此说明。

二、自然地理实体地名通名的景观形象

对地名研究来说，自然地理实体主要包括两大类：一是山，以及与山相对的平原（平坝）；二是水，包括静止的水和流动的水。重庆是山城，又是水城，地形地貌相当复杂，自然地理地名通名也就相当

丰富。由于各地的地形地貌不同，在对自然地理实体命名时使用的地名通名往往存在差异，使其具有相当浓的地方色彩。相同或相似的地形地貌，例如地质学上称为背斜构造的地形，北方叫作“崮”或“塬”，重庆叫作“坪”，渝东南土家族地区叫作“界”或“盖”。这就为自然地理地名通名景观形象的讨论提供了广阔的空间。

重庆是山城，城在山上，山在城中。说到重庆，首先就会想到山。但是，重庆人想到的山，是南山，是歌乐山，是缙云山。城里那些叫山的地方，早已演化为人文地名的专名。例如枇杷山的山，与枇杷组成一个词组，成为枇杷山公园这个人文地理实体地名的专名。在重庆人的语境中，枇杷山的“山”不再成为单独的地名通名。重庆人去枇杷山，绝不会说去爬山；只有去南山、歌乐山、缙云山才说去爬山。也就是说，在重庆人头脑中，像枇杷山那样的“山”，已经难以形成山的景观形象。枇杷山如此，重庆老城内的“三山”金碧山、太阳山、第一山，连作为人文地名的资格也已经消亡。从下半城到上半城，虽然依然要爬金碧山，但人们将其说成是“爬那一坡”，而不说是爬山。类似的还有鹅岭、双山、五台山、凤鸣山、王家大山等。一座山，不管大小，往往都有相当的面积，叫“山”的地方，往往不是乡镇（街道）就是街区。主城范围内叫“山”的街道，就有歌乐山、中梁山、南山、龙山……即使没有设乡镇（街道），也可能是指一大片街区。当然也有以“山”命名的街巷了。人们说枇杷山，既是指山上那座公园，又是指那山上山下四周的街区，包括了中一支路、纯阳洞、黄家垭口、枇杷山正街、枇杷山后街、枇杷山巷那一大片地方。至于像枇杷山正街、枇杷山后街这样以“山”命名的街巷，那就更多了。

重庆又是水城。市区有两江环抱，形如半岛。整个市域内，更是江河纵横，水网密布，大江小河数不胜数。重庆古代叫“江州”，后来又叫“渝州”，都是由水得名。江是长江，渝是嘉陵江。重庆主城核心现有9区，渝中、渝北、江北、南岸、大渡口都与水相关，沙坪坝（沙是江边之物）、九龙坡（得名于九龙滩）、北碚（江中有碚石）也与水间接相关。巴南的“巴”，据说也来自重庆城附近长江、嘉陵江的形象，也与水有着某种关联。重庆地处亚热带季风气候区，年降水量十分丰富，加上重庆山多，就形成了数不清的溪流。重庆老城内，原来有大阳沟、回水沟、瞿家沟、滴水岩之类。城外就更多了，有硝房沟、双溪沟、大溪沟、黄沙溪、海棠溪、野猫溪、董家溪、溉澜溪、盘溪等。如今，这些溪流大多已经消失，已经难以形成景观形象。以溪流的名称形成的地名，已经成为人文地理地名的专名。例如海棠溪早就没有了溪，“溪”字与海棠一起组成词组，成为海棠溪街道、海棠溪街区、海棠溪正街之类人文地理实体的专名。此外，还有池、塘、堰、井之类，也是这样。

与山有关的，重庆有崖、岩、岗、坪、梁、坝、塝、垮、坎、洞、凼、石、碚之类地形地貌；与水有关的，重庆有江、河、沱、湾、滩、浩、溪、沟、湖、池、塘、堰、泉、瀑之类地形地貌。这些地形地貌不仅为重庆地名带来了多彩多姿的特色，而且为重庆地名增添了强烈的地方色彩。作为自然地理实体地名通名，它们在重庆人头脑中所形成的景观形象也具有特别的意味。下面择其要者给予说明。

1. 坝与坪

外地人到重庆，觉得重庆地名中最多的就是坝和坪，例如菜园坝、李子坝、珊瑚坝、大坪、南坪、杨家坪等。坝和坪都是平地，重庆是山城，怎么有这么多坝和坪呢？结果前去一看，那坝和坪只是相对平坦，哪能与平原城市的平地相比呢。坝一般在山下或江边，是冲积堆积形成的；坪一般在山上，是造山运动形成的；坝比坪更平，坪上往往有坡、有坎、有岩之类；二者的景观是不相同的。不过，由于如今的坝和坪大多已经形成繁华的闹市街区，坝和坪已经演化成人文地理地名专名的一部分，在相当多的重庆人头脑中，也失去了坝和坪的景观形象。如果随便叫住一个重庆人，要他说说坝的景观形象，他首先想到的可能不是菜园坝，而是珊瑚坝。珊瑚坝是长江中的一片河漫滩，发洪水时可能被淹没，基本上没有开发。因此，在大多数重庆人头脑中，坝的景观形象就是一片荒滩。坪也类似，一般重庆人说到坪，首先想到的不是繁华闹市的大坪、南坪，而是铁山坪。坪的景观形象在大多数重庆人的头脑中与山相似，甚至把坪等同于山。如果要某个重庆人把大坪、南坪与铁山坪、西山坪联系起来，他可能还会感到困惑。

2. 沱

坝和坪上是陆上地貌，沱和峡是河流地貌。重庆地形复杂，河流纵横，地形和河流相互作用，形成了复杂多样的河流地貌，其中最具重庆地方特色的是沱。沱本指江水的支流。《诗·召南·江有汜》："江有沱。"即是指支流。重庆人借此字来指回水江湾。沱是重庆方言，重庆话中读作入声，用普通话读不出其中的意味。长江中下游也有江湾，但因水势平缓，很难形成回水，因而他们叫"湾"而不叫"沱"。可以说，沱是长江上游特殊的河流地貌。重庆主城附近就有牛角沱、李家沱、白沙沱等。沱湾里适宜停船，往往形成码头，形成街道。如今两江四岸修建滨江路，很多沱都已经消失，其景观形象在大多数重庆人头脑中已经变得模糊起来。说到某某沱，首先想到的不是那片平缓的水面，而是岸上的那片街区。例如说到郭家沱，头脑中出现的景观形象不是铜锣峡外右岸那片江湾，而是岸上的街市和著名的望江机器厂。

3. 峡

峡是两山夹着的水道，长江三峡不说了，重庆主城区就有嘉陵江小三峡（沥鼻峡、温塘峡、观音峡），还有长江小三峡（铜锣峡、明月峡、黄草峡）。由于是峡谷，水流湍急，山势陡峭，江边难以停船，岸上难以建房，峡里就很难形成居住区，更难以形成街道，峡也就没有像坝、坪、沱那样，被人文地理实体地名侵占，一直是自然地理实体地名通名。在重庆人头脑中，一说到峡，就会出现两岸峭壁陡峭，怪石狰狞，江水碧澄如练，江上浪遏飞舟，轮船汽笛声声在群山回荡的形象画面。

4. 垮与湾

重庆有诸如土垮、肖家垮、谢家垮之类地名。垮是指山间里的小块平地，在重庆方言中又指位于山垮的村落或院子，有时又说成是垮子，与"湾"的意思完全不相同。可是，不管是政府机关还是普通百姓，都把"垮"写成"湾"，往往引起人的误解，以为那大田湾、学田湾之类是靠近江边，因江水弯曲而得名，或者就是那儿可能有水塘、溪流什么的。其实，很多塆离江边都很远。即使离江边不太远的塆，例如大田湾、学田湾与江边依然隔着山丘、山坡、悬崖、陡坎，与江湾风马牛不相及。作为自然地理实体地名通名，“塆”与“湾”完全是两种完全不同的景观形象。由于长期把“塆”字写成了“湾”字，如今即使是地道的重庆人，可能也说不清楚二者的区别，可谓遗憾。同时，重庆也有江湾河湾，也出现在地名中，例如南岸瓦厂湾就位于长江边，是真正的湾。因此，在重庆，“塆”和“湾”就更加容易混淆，让人难以琢磨，作为景观形象也就更加混乱。

5.崖与岩

重庆人把崖都叫作“岩”，例如观音岩、曾家岩、虎头岩等，实际上都是崖。崖是山或高地陡立的侧面，而岩虽然也通“崖”，但大多是指石头。不过，重庆人一说到某某岩，想到的不是石头，而是悬崖。虽然如今地形地貌大变，但作为自然地理实体地名通名，这样的景观形象在重庆人头脑中依然存在。说到岩，想到的就是悬崖。早先，重庆人把洪崖洞也读作“洪岩洞”。洪崖门是南宋彭大雅修筑重庆城时就有的，他是文人，籍贯又不是重庆，看那儿明明是崖而不是岩，于是就加以订正，把岩“改”为了崖。否则，洪崖洞就真的就叫洪岩洞了。

6.垭、坎、岗、梁、坡

垭也是重庆方言，又叫“垭口”，是两山之间的狭窄地方，又指山脊上呈马鞍状的明显下凹处。重庆有黄家垭口、枣子岚垭、黄桷垭、亮风垭等。“垭”本来写成“坳”，一个土旁加一个凹字，很形象地表现了垭的地貌特征。这种地貌特征，也就成为作为地名通名“垭”的景观形象。坎是自然形成的或人工修筑的台阶状地貌。重庆是山城，肯定就有很多坎，反映到地名中来的，就有九尺坎、石门坎、黄沙坎等等。坎的地貌形态与垭有相似之处，但规模不如垭大。这些垭和坎，如今都成为闹市，成为人文地理地名专名的组成部分，但原有的自然地理实体多少还保留着，还可以为重庆人的形象思维提供相应的指引或启示。此外，岗、梁、坡也类似。岗是山脊或山岭，景观形象是独立的长条形的山，例如七星岗、金沙岗、袁家岗等。梁是山梁，景观形象也是长条形的山，但并不像岗那样相对独立，例如读书梁、蚂蟥梁、施家梁等。坡是倾斜的地貌，景观形象不像崖或岩那样陡峭，例如九龙坡、石板坡、华一坡等。

7.浩

浩与沱相似，浩里往往水深且水缓，适合停船，实际上也就是沱，最有名的是南岸的龙门浩。龙门浩外，一条数千米长的碛石从瓦厂湾延伸到野猫溪，浩里水势平缓，波澜不惊。当涂山升起明月，倒影其中，于是形成“龙门皓月”的美景，成为古代巴渝八大美景之一。

8.坑、凼、塝、石、洞

坑是地面凹陷下去的地方，可能是由于水的冲击而成，也可能是造山运动时形成。重庆大坪有九坑子，是溪流冲击形成的，有大小九个石坑。凼是水坑，也是一个方言词。重庆主城就有不少诸如鸭儿凼、烂泥凼、污水凼之类地名，因为让人听起来不舒服，如今大多已经消失。“塝”字就更少见了，塝是方言，指田边土坡，沟渠或土埂的边，多用于地名，例如黄泥塝、龙井塝、牛栏塝等。在城市里，坑、凼、塝这样的自然地理形状不可能留存，因而重庆人头脑中可能也没有此类地名通名的景观形象。此外，还有石和洞。山坡上、江河边有巨石裸露，于是就有了弹子石、猫儿石、纱帽石之类。洞是自然形成或人工开掘的穿通山体或深陷地面的一种地貌，重庆有渣滓洞、燕喜洞、鱼洞、木洞之类。从规模来看，这样的自然地理实体因为不大，在城市建设中往往都已经消失，因而说到这些地名时，往往难以产生与其本身相关的景观形象。

9.滩与岛

滩一是指江边泥沙积成的平地，也就是河漫滩。不过，重庆人往往把河漫滩叫作“沙河坝”，例如珊瑚坝。每年冬春，从江北嘴到陈家馆嘉陵江北岸那一大片河沙坝叫作“金沙滩”，不过知道“金沙滩”这个地名的重庆人已经不多。说到滩，重庆人首先想到的是水浅石多而水流很急的地方。不管是长江还是嘉陵江，这样的滩过去都多如牛毛。长江三峡中有著名的泄滩、青滩、崆岭滩，有所谓“泄滩青滩不是滩，崆岭才是鬼门关”的说法。经过几十年整治，特别是三峡大坝修建起来后，大多数滩已经不复存在。重庆主城有寸滩、九龙滩、狮母滩，除了经常在水上走的人之外，重庆人也很难形成滩的景观形象。还有岛。长江、嘉陵江江宽水阔，江中每每有小岛伏卧，像一串串珍珠项链，嵌缀在城市胸前，给重庆增添了一道道风景。虽然这些小岛都有自己的名称，但往往不以“岛”来指称，几乎都称为“坝”。带个“岛”字的自然地理实体，好像只有渝中半岛。不过，这个半岛的景观形象也只是近二三十年才形成的，重庆人头脑中有关岛的景观形象，可能起源于海岛之类，与重庆本身的“岛”可能不太相关。

三、人文地理实体地名通名的景观形象

我们日常生活中接触的地名，绝大多数都是人文地理实体地名。人文地理实体地名数量大，分类方法各异，大致可以分为行政区划地名、居民点地名、建筑物地名、交通设施地名等，其中日常生活中使用频率最高的是城市道路地名。行政区域是国家规定的，如今居民点地名全国已经趋于一致，建筑物几乎更是千城一面，交通设施也没有像平原与山区那样巨大的差异，由这些而形成的人文地理实体地名通名的景观形象，全国各地大体是相同或相似的。但是，由于不同地方的人们受限于当地人文地理环境的影响，对相同地名通名形成的景观形象虽然大体相同或相似，依然存在一些差异。几十年前，笔者第一次到宜宾。那时，宜宾只有翠屏山下那一小块地方。笔者感到疑惑：“这也叫‘市’吗？”用重庆这样大城市的眼光去和一个当时只有10来万人口的小城市比，其景观形象当然相差甚远。经过40多年的改革开放，行政区划地名通名产生的景观形象在不同地区的人们头脑中可能已经完全不同。不过，本文专注于重庆，对此不同不做过多讨论。

由于重庆人“懒”，地名一旦超过三个字，往往就要省略地名中的通名，这让很多人文地理实体地名与自然地理实体地名相混淆。例如重庆人说到弹子石，一般都不是说长江岸边的那块大碛石（修

建滨江路后那大碛石已经不再像过去那样突出显现），而是说的那一大片街区。而那街区的中心，离那大碛石的直线距离，已经相距八九百米。也就是说，重庆人说到弹子石，省略了弹子石后面应该有的诸如街区、街道、正街、新街之类的地名通名。这种情况的确迷惑了一些人，甚至有地名专家把诸如石、坝、坪之类作为街道地名的通名，认为重庆地名存在“专名+通名+通名”的特殊现象。事实上，自然地理实体地名一旦转化为人文地理实体地名，其通名与专名已经合成一体，已经成为人文地理实体地名的专名，不再具有通名的意义和价值，这是应该注意的。

下面选择一些独具重庆地方特色的人文地理实体地名的通名加以介绍。

1.街和巷

古代中国，城市道路地名一般都用街和巷作为通名，街和巷形成了城市最初的地名景观。街的景观要义包括三个要点：一是两边有房屋，二是比较宽阔，三是通常开得有商店。不过，由于情况特殊，重庆的街并不一定就包含这三点中的前两点。重庆过去有很多半边街，甚至有好几条直接叫“半边街”的街道。所谓“半边街”，就是只有一边有房屋，另一边不是悬崖就是峭壁，或者就是城墙。重庆过去的街并不宽，大多不过两三米。巷是比街小的道路，是比较狭窄的仅供居住者通行的道路。从景观角度来说，“街”与“巷”有五点区别：宽阔为街，狭窄为巷；直为街，曲为巷；大者为街，小者为巷；有商店为街，无商店为巷；热闹为街，冷清为巷。对中国人来说，一听到“街”字，脑海里浮现的景观，与听到“巷”字时可能有截然不同的形象。与“街”相比，“巷”的景观要义似乎更富有人情味，甚至更富有诗情画意。重庆小巷天下绝，其格局和形态都丰富多彩，大多依山而建，风格各异，特色鲜明，或耸如云梯，或曲如游蛇，或一侧临崖，或一侧面壁，或窄得仅能容一人通过，或巷中别有一番天地，或被浓荫层层遮蔽，或有山泉终日叮咚，或有通衢之热闹，或无市声而清雅，大多有“小巷深深深几许”的意境，都能给人一种美感。胡同、里弄也是巷，但胡同往往笔直，即使有弯有拐，那弯拐也几乎都成直角，透出一种富贵意味。里弄往往封闭，几幢房屋围成枯井式的过道，不同的里弄都大同小异，让外地人几乎找不出其中的差异。胡同、里弄都略显单调，不如重庆小巷丰富多彩。钻过重庆的小巷人，留下的印象可能会更深刻、更有趣。

2.路

旧时候城市里没有“路”。城市里（包括城厢）的路叫作“街”或者“巷”，路专指城外的道路。城市里的道路两侧有房屋，有商店，城外的道路两侧没有房屋，没有商店，其景观意味也就各有不同。这种状况直到民国初年才开始改变。以重庆为例，城墙内叫作“路”的地方，都是20世纪二三十年代修公路后，合并了若干街巷新命名的。后来，城外较冷清的路也逐渐热闹起来，路与街便没有多大区别。虽然如此，但听到“路”字后，人们头脑中形成的景观印象，与听到“街”字和“巷”字时依然有所不同。听到“路”字，头脑中首先冒出的是公路，是马路，路的形象中一般都会包括汽车，甚至是车水马龙，甚至是堵塞。路比街更宽阔，路两侧的房屋更高大，要过路，就要走人行横道线或天桥什么的。显然，这与听到“街”字和“巷”字形成的景观印象是不相同的。如果说“街”和“巷”强调的是人或人的路权，“路”更强调的是汽车或汽车的路权。街和巷的人情味以及诗情画意，在路面前几乎丧失殆尽。由于重庆的街已经消失得太多，街的景观形象在大多数重庆人头脑中已经模糊，或者已经等同于巷，路的霸权已经相当突出，可谓悲哀。

3. 村

村本是“乡下聚居的处所”。不过，重庆农村几乎都是散居，也就没有村，只有院子。如今虽然有了村，却不是“聚居的处所”，而是行政村，包括了若干个大大小小的院子，由政府依据一定的规则，划片而成的，与自然形成的村有所不同，与北方农村的“村”完全不是一回事。20世纪20年代后期，重庆在两路口、上清寺一带开辟新市区，大量修建房屋。当时，江浙一带经济发达，成为重庆的样板，官员富人均以江浙一带的东西为时髦，于是就把江浙一带的地名通名“里”和“村”引了进来，作为城市街道地名的通名，有了四德村（今新德村）、聚兴村（今巨兴村）、国际村等。作为城市街道地名的“村”，其形态与街、巷、路都有所不同。一般来说，街、巷、路表示的道路往往是一条线，即使弯曲，即使有拐，甚至有若干岔道，但都有相应的起点和终点。村则不同，一般是指一片，片内道路可能有多条，相互交叉，甚至错综复杂。在没有引进“村”作地名通名之前，一片街区里有多条道路，往往就要用多个地名来指称。这也是重庆街巷地名密度特别高的主要原因。原临江门城外那几十条标有地名的街街巷巷，如果以“村”来取其名，只需划成若干片，用几个村来指称就可以了。如果没有“村”作为通名，像国际村那一坡，可能就要用好几条甚至十来条巷来命名。“村”给人的另一个景观印象是美。一片街巷取名为“村”，那些街巷往往位于山坡上，道路起伏曲折，景观富于变化，能够增加美感。由于地形地貌的原因，村里往往有一些悬崖陡坡，有一些不宜建房的空地，这又为村提供了绿化的条件。在重庆，听到带“村”字的地名，人们头脑中总会浮现诸如黄葛树之类的形象。“村”往往又具有家乡的含义，能够给人以亲切感，因而更加具有人情味，也更有诗情画意。“村”字的引进，丰富了重庆地名的通名，也适应了重庆城市地形地貌的实际情况，多少还有一点儿雅意什么的，值得赞赏。

4. 里

20世纪二三十年代，一些达官贵人修建别墅，附庸风雅，将别墅区所在的小院取名为“里”，于是有了庆德里、德兴里、成德里、和平里之类，使“里”也成为重庆城市街道地名的一个通名。上海的里弄往往只有一个出入口，里弄为大杂院。重庆的里往往是某个单位或某个人修建的，住的不是自家亲属就是单位同事。例如位于来龙巷的川盐二里、位于临江路与民生路交汇处的川盐三里，就是川盐银行仿照上海里弄式样，为职工修建宿舍形成的。不过，如今重庆的里几乎已经全部消失，重庆人也就失去了里的景观形象。

5. 寺、庙、洞、观、庵、堂

寺、庙、洞、观、庵、堂都是宗教场所，在旧时城市里往往都是显赫建筑。这样的建筑物地名，往往又成为其所在街道或街区地名的专名。如果当年的建筑物已经消失，那更只有当专名的份了。寺庙本来是同样的意思，合在一起是指佛教建筑。道教场所专用的通名本来叫“观”（例如东华观），但却用佛教专用的“寺”和“庙”两个建筑物通名。在重庆，佛教建筑都叫“寺”，例如罗汉寺、华岩寺、龙头寺等；叫“庙”的，几乎都是道教场所，例如玄坛庙、九宫庙、川主庙等。道教甚至也用“寺”来称呼自己的建筑，例如上清寺，本来叫“三清庙”，不知为何又改名为“上清寺”，让人以为那是佛教场所。道教敬奉神仙，神仙居住之地称为“洞府”，于是重庆就有很多叫“洞”的道观，例如神仙洞、纯阳洞、老君洞等。这样的洞，往往让重庆人将其与诸如洪崖洞、燕喜洞、渣滓洞之类的洞混淆在一起，弄不清其景观形象了，以为那也是穿通山体或深陷地面的一种地貌。堂一般是教堂，是基督教建筑，例如若瑟堂、仁爱堂、天主堂之类。不过，重庆过去的一些叫“堂”的建筑，却与基督教无关，例如三教堂（今能仁寺）是佛教建筑，存心堂是慈善机构建筑。由于混用，重庆人对“堂”这个地名通名的景观形象也就容易混乱。说到“堂”，绝大多数重庆人想到的首先是教堂形象。好在如今大多数寺、庙、洞、观、庵、堂之类的宗教建筑或者已经废弃，或者不再显耀，带有这些字词的地名不是消失，就是已经成为某条街或某个街区地名的专名的组成部分，在重庆人头脑中往往失去了这些地名通名与红墙绿瓦、飞檐翘角相关的景观形象。

6. 驿、铺、塘

驿、铺、塘也是建筑物地名，不过指的是一种旧时的官家建筑。“驿”带马字旁，本指为传递公文或消息所用的马。后引申为供驿马休息的地方，即驿站。铺和塘也是驿站，不过相对于驿略小。驿站位于交通要道上，南来北往的人多，其附近往往就形成街道，形成乡场。重庆有白市驿、铜罐驿、石桥铺、走马铺、头塘、二塘等地名，都是因为驿站而来的。如今，驿、铺、塘早已荒废毁弃，这样的建筑物地名通名也就演化为乡镇、街道、街区之类地名专名的组成部分，不仅失去了原有的景观意义，而且让很多人误解铺是商铺，塘是水塘，头脑中出现的景观形象已经与其本来的景观形象完全脱离。

7. 码头和渡

码头的本义是“在江河沿岸及港湾内供停船时装卸货物和乘客上下的建筑”。由于码头上人来人往，于是形成街市，码头也就引申为“码头附近的街市”。只能停靠一只船的可以叫“码头”，能够停靠很多船的也可以叫“码头”，作为交通设施地名的通名，码头就有了层次。例如原千厮门码头，又叫作“重庆港一码头”，在那长达七八百米的嘉陵江岸线上，又有新码头、粪码头、猪毛码头、盐码头、纸码头、棉码头、煤码头、水码头（专供挑水的码头）、大码头、当归（药材）码头等。不管是什么层次，码头的景观形象一是靠近江边，二是离不开船，三是有搬运工人。如今重庆老城附近的码头已经不存在，叫“码头”的街巷也基本消失，码头的景观形象也日益淡化。还有渡和渡口，例如黄葛渡、莺花渡、大渡口等。渡和渡口也是码头，是停靠过河船的码头。相较于其他码头，渡和渡口的景观形象就多了过河的人。南宋余玠有诗云：“龙门东去水和（疑应为‘如’字）天，待渡行人暂息肩。自是晚来归兴急，江头争上夕阳船。”说的就是黄葛渡。

8. 桥

桥既是一种建筑，又是交通设施。如今重庆号称“桥都”，两江上大桥可谓密如蛛网，其景观形象相当宏伟。在宏伟大桥形象的遮掩下，即使像一号桥那样的桥，都不被重庆人再当作桥。如今，重庆人所说的桥，往往是大桥，而且是像长江大桥那样的大桥。如果单说一个“桥”字，重庆人头脑中往往就没有了相应的景观形象。事实上，重庆带“桥”字的地名，例如观音桥、化龙桥、石坪桥之类，如今根本就没有桥。当年那地方本来是有桥的，只是那桥很小，早就废弃消失。这些作为交通设施地名通名的“桥”字，变成了街道地名专名的组成部分留了下来，失去了作为地名通名的景观意义，也就难以在重庆人头脑中形成景观形象。即使还能有一点儿景观形象，也已经被大桥所“碾压”，可谓微乎其微。

9.大道

旧时，大道专指驿道，例如成都到重庆的驿道称为“东大道”，重庆到綦江到贵州的驿道称为“南大道”。驿道也是道路，是连接两个或两个以上城市的道路，不是城市里的道路，也就不能称其为“街道”。近年来，可能是大道两个字相当的“高大上”，而且读起来洪亮，更能够体现地方政绩，于是就开始泛滥。在人们印象中，大道景观具有以下特色：一是大道比路更宽阔，按规定至少在40米以上。这样的宽度，甚至超出旧时城市街巷的长度；二是大道特别长，动辄几千米，甚至几十千米；三是大道两侧的房屋不是高楼就是厂房，但往往稀稀拉拉；四是大道中间有隔离带，两侧有行道树，却极少有人；五是大道上车流如织，车速极快，畅通无阻。这样的景观印象，即使与路比，也显得更加的冷冰冰，甚至让人有一种异己的感觉。事实上，要去大道所在的地方，没有汽车，往往难以到达。在重庆人的心目中，特别是在老市民心目中，大道已经超出了城市的范围，已经属于“城外”之地。这样的景观印象，与取名者的本义可能已经相悖。如果大道不能真正融入城市，大道也就只是开发区的地名而已。

亦行亦思的曲艺家马光华

周津菁
（重庆市文化和旅游研究院）

马光华

年轻时的马光华和丈夫隆学义

马光华，著名曲艺表演艺术家，重庆市非物质文化遗产代表性传承人，1946年12月4日出生，1958年考入曲艺团，至今已在艺坛耕耘60余年。她早年学习北方曲艺曲种，师从于宝麟、付立才、刘艳君。1962年转学四川清音，师从于邓碧霞。个人代表作有曲艺演唱节目《小会计》《送公粮》《会飞的活棺材》《是谁起得这么早》《春耕支农送肥忙》《迎面来了我的他》《哥妹不分梨（离）》《数城门》《四季雨》《渝州美食味道绝》（《重庆有几绝》）等。马光华在1962年重庆市文化局举办的专业文艺院团青少年汇报演出中以山东大鼓《报花名》获个人演员奖；1979年，在重庆市专业艺术剧团青少年汇报演出中以四川清音《迎面来了我的他》获得演员一等奖；1982年，四川盘子《三个媳妇争婆婆》参加全国曲艺优秀节目观摩演出（南方片），获演出奖一等奖等。她从艺数十年，在国家、省、市各级获得各项表演及创作奖项数十项。

马光华是剧作家隆学义先生的妻子，是笔者亲爱的师母。隆学义老师2015年故去之后，笔者时常去看望马师母。每到他们南岸的寓中，笔者总是不忘驻足于先生旧日的书房，站在先生的书案前想念先生的音容。长长的书案上仍旧摆着剧本文稿，靠墙的地方，整齐地排放着先生的旧书。书案侧面有橱柜，上面摆放着先生和师母青年时候的照片。还记得我第一次来到这个书房，就被照片上才子的英气和佳人的美艳气韵所震撼。而今，先生已故多年，照片依旧。每每提起马光华，别人都会说，她是剧作家隆学义的妻。而师母怎样的风华与才情，才能让剧作家如此动情和热爱？笔者的耳畔响起琵琶弹唱的“嘈嘈切切”乐音，眼前浮现起古味茶韵的重庆河街茶馆，旗袍加身的妙龄女郎手持鼓板，击节而歌。这样的场景牵动了剧作家的思绪，多少瑰丽的艺术想象与动人故事都从佳人的明眸皓齿之间飞升起来，终而成就了剧作家和他美妙的剧作。而今天笔者想说的是，马光华是隆学义的妻，而马光华也是一个独立的艺术生命个体。她成为隆学义之妻，是因为独特的艺术气质和女性魅力，行走且动人，善思方致远。

一、“横冲直撞”20年

人们说“读万卷书，行万里路”可以“悟道”，这个“道”是人生的道理，或者是学问的道理，读书和行路固然能帮助提升一个人的人格修养和水平，而活在这个世界上，走着，看着，思考着，仍然可以提升道行。悟道有先后，方法也是各异，条条大路通罗马，只要做一个善于思考的人，活着活着，道理自在心中。

马师母有篇散文名叫“考剧团”，记录了她懵懵懂懂进入人生旅途，又有些迷糊执着地进入艺术天地的故事。

舞台上的马光华

1958年夏天，重庆文艺界各大专业艺术院团联合招生广告在报上登出，马光华就和几个同学商议着要去报考重庆市歌舞剧团。母亲并不同意马光华的想法，训斥道：“你不给我好好读书，要去考什么剧团？唱戏有什么出息？”一贯惧怕母亲的马光华却突然长出了胆子，顶了一句：“我喜欢。”“翅膀长硬了是不是？你敢！”母亲瞪大了眼，做起了要打她的架势。“我偏去！”马光华却毫不示弱。“那好，你去，你去！”母亲气急败坏地喘气说道。闻听户口在爸爸那儿，马光华拔腿就往礼堂跑：“爸，快给我户口，要不然就报不上名了。”疼爱女儿的父亲同意了，还嘱咐她报考京剧。在焦急的等待过后，马光华去考了京剧，考官让她唱歌，她就唱“苏联卫星高飞在天空，和平宣言深入人人心中……”考官说：“你跳个舞吧。”马光华说：“我不会。”考官说：“那你做个操吧。”她就认真地做起了学校体育老师教的广播体操，做了一两节，考官叫住了她，说：“你回去等通知吧！”……

而另一次机会很快就到了。马光华和另外5名同学一起，被安排在星期日去游艺园学习。到了那里，她看到一个老头儿敲着琴挨个儿教孩子们唱“男儿有志在四方……”，教说“三、山，四、是”。两个女老师叫马光华唱歌，她就唱了在广播里听会的歌：“麦苗儿青来菜花黄，毛主席来到咱农庄……”唱完有个老师还仔细地端详她的身高、四肢和手指，并说她的手指很长。活动结束，马光华就回家了，她并不知道自己已经获得了艺术命运的垂青，直到两个曲艺团的阿姨直接找上了她在报社的家门。妈妈仍旧是一万个不愿意，便瞒着女儿拒绝了。马光华爱艺术的心已经开了花，她哪里能忍下这口气，但是妈妈“戏子就是下九流”的观念根深蒂固。不过，事情马上又有了转机。母亲的一个朋友来看她，告诉她“老姐子，你还是旧社会那死脑筋哟？如今你知道怎么称呼唱戏的人？——人民演员，文艺工作者”。或许马光华的执拗也让妈妈无可奈何，她终于松了口。马光华就这样怀着一颗纯粹的心，把自己“撞”进了曲艺团。

进了曲艺团之后，她学习了3年“北方曲艺”，例如山东大鼓、河南三弦铰子书、北京单弦、西河大鼓等。1962年，国家为减少计划经济中吃公粮的人口，出台了政策要把农村进城的人员压缩回农村去。曲艺团也开始了人员压缩工作。同学们纷纷得到了被压缩出团的消息，有的去了基层文艺单位，有的去了大型国营厂，还有的回学校继续读书。命运垂青有天资的马光华，当同学们恋恋不舍地离开曲艺团，开始重新寻找未来方向的时候，马光华却得到了转行唱清音的消息——她又遇到了好时机，当时重庆文化局统筹决定，要大力发展四川地方曲艺，弘扬本土文化。1963年，马光华学了一年清音；1964年，她参加了社教工作。四川音乐学院作曲系的李敏康被分配到团里。他们一起到川南去演出，恰逢在宜宾歌舞剧团听了民歌《小会计》，返渝之后，李敏康就改编民歌，创作出四川清音《小会计》。李老师继承了民歌《小会计》中“五去五进一”“一二三四五六七”的唱词和腔调，结合清音“贯口”的创腔技法，创作出既具有四川语言特色，又饶有生活趣味的清音唱段。这个作品广受好评，在1964年的永川演出中被邀返场，几乎成了马光华在清音演唱事业中挖到的“第一桶金”。之后，重庆曲艺团又和成都市曲艺团联合举办清音专场，成都当红清音演员程永玲演唱了《八点钟》，马光华就演唱了《小会计》《送公粮》。马光华的作品在打磨中水平不断提高，在中小学广为传唱，还在电台播放，声名远播。她却说：面对机遇和小小的成功，当时年轻的她却仍旧只知道在艺术的天地里“按部就班”地“闯荡”，她需要生活的历练，需要生命的点拨，才能悟到真正的艺术方向。

1965年9月，马光华参加援越抗美重庆文化工作队，跟随铁道兵部队奔赴前线，梁上泉当队长，王靖环担任指导员。马光华主要参与巡演、连队慰问等工作，一旦有大型的外事活动，马光华的节目总是被排上。面对新观众、新环境和连队战斗生活，马光华觉得之前在内地唱的那些清音段子不再应景。当时，流行小说《南方来信》，马光华便尝试将《会飞的活棺材》这首讽刺诗装进清音曲牌“银纽丝”来演唱，她的琵琶伴奏黄吉森负责在台上给她“搭白”，二人有交流，有互动，取得了很好的演出效果。

马光华唱：“一架飞机栽下来，两架飞机往下栽。三架、四架、五六架，十架百架跟到栽。这才把美国佬来急坏，他怪声怪气把口开。”黄吉森搭白：“这不是飞机嘛，这是会飞的棺材。”

《会飞的活棺材》的成功演出，提醒马光华“要创作”，队长梁上泉是个大诗人，他送给马光华一本“同韵字库”的小书，让她自己学习填词。她就在业余时间凑啊凑，憋啊憋……学着为《一颗钉子》《四好连队五好花》《差不多》《铁道兵走四方》《胡志明送来贺年片》等小型曲艺作品作曲。回到重庆后，这些“撞”出来的小作品虽然不再演唱，却在马光华的心里种下了爱创作、动脑筋的种子。1972年，马光华还去云南慰问了四川支边青年，演唱了以割胶工人生活为内容的四川清音节目《是谁起得这么早》，多年后，中越边境的河口一带，还在传唱这首写进人们心中的曲子。

二、“思考着”进入下一个30年

演出中的马光华

时间一年年往前追赶，能唱会写的马光华逐渐学会总结经验和教训，被生活教会了思考。思想认识上质的飞越，发生在20世纪70年代。在经历了中国文化发展的特殊10年之后，社会思想还未完全解放，马光华却张着耳朵，努力捕捉新的文化艺术之声。她对一个名叫“战地新歌”的歌本爱不释手，“村村寨寨，打起鼓唱起歌，阿瓦人民唱新歌”的曲调入心入口，同时她还热爱听京剧。本来可以闲着的马光华闲不住，去文化宫参加了声乐班。一位从总政过来的老师，为她带来了科学的练声方法。曲艺团没有钢琴，她就从保管室找来一架手风琴，摆在桌上拉动，帮助自己练声找音高。她心中埋下了念想：这唱歌也是“歌唱”，清音也是“歌唱”，而清音的唱法和唱歌完全不一样。过去老师们在向她传授清音的演唱方式时，三句话不离“老传统”，他们甚至不允许她唱歌，怕把清音的“韵味儿”唱跑了。这样做，是对的吗？马光华心中像揣了个兔子，止不住地蹦跳翻腾。一切继续等待时间和机缘来验证和寻找答案。

不多久，李敏康老师给了她一首不一样的四川清音作品，名叫“春耕支农送肥忙”，这首作品曲调优美清新，充满山歌风情。1974年，她参加四川省文艺调演，就带去了这个作品。在文化艺术尚未完全解冻的当时，这首曲子带来了轰动的效应。作品的成功，不仅是因为它带来了文化艺术即将复苏的信号，更是因为它的艺术方式，暗示着传统文化在经历现代生活洗礼之后，必将走向转型和跨越。大家称这首曲子是“新清音”——艺术家们在创作过程中，主动寻找和借鉴资源，运用更加科学的发声方式，来解决传统清音真假声脱节的问题。1975年，这个作品还参加了北京文艺调演和之后的巡演，为此还举办了专家研讨会。

《春耕支农送肥忙》的创作经历对马光华的触动巨大，她开始主动地、深刻地思考四川清音的未来走向问题。她勇敢地分析传统和面对问题：“传统唱法在发声方面有点儿落后，四川清音需要向京剧等优秀戏曲演唱技法和民歌等声乐演唱方法学习。”马光华充满了求知欲望，希望能有机会向更广阔的艺术天地进发，好吸收更多的养分，她不想把四川清音的未来，仅仅栽种在一个小花盆里。马光华谈道:“我当时就认为,只有掌握了科学的歌唱方法,清音演唱的持久力才能更强。我们之前唱清音,十几分钟嗓子就疲惫了,而京剧演员一唱就是一台戏。这是一个基本技巧的问题,先把技巧解决好了,才能谈其他的艺术表达。人家一唱可以唱‘三个八度’,而我们有些人甚至只能唱‘一个八度’再多两个音。音域的限制,会制约表现力!”

1986年,马光华终于如愿以偿地申请去了西南师范大学(当时简称“西师”,今西南大学)音乐系进修,同时在夜大补习了文化课,并参加了成人高考,考取了西师音乐系大专班。1989年,她获得大专文凭。这段时间,她还遇到了一个叫作“哥妹不分梨(离)”的新作品,她结合自己的学习心得,将在音乐系学到的美声花腔唱法与传统清音的“哈哈腔”有机融合,在舞台上勇敢表达,参加了团拜会演出。演出结束后,坐在观众席中的重庆文化局局长周速高兴地站起来为马光华的新颖创造和精彩演出鼓掌。四川清音《哥妹不分梨(离)》是笔者的老师隆学义先生为马师母创作的第一首词。当时,马光华问隆学义:“为什么我觉得这首词这么与众不同呢?”隆学义回答说:“这只是一首写生活,写普通人感情的词。”马光华为隆学义的见解和艺术视角所折服,其实这也是一个让她思考和长期苦恼着的另一个问题:“过去虽然提倡艺术贴近生活,但却因为创作的角度和方式不对,唱了不少贴标签、赶时兴的生硬之作。这样的作品不但没有贴近生活,反而和人民的实际生活脱节。”马光华开始担心:在短短的艺术生命过去之后,自己到底能为国家和时代留下多少真正的作品?马光华向隆学义提出了创作的邀请,她认为很多之前时兴的清音作品都已经过时了,她需要新作品。1989—1990年,隆学义作词,和马光华一起推出了四川清音作品《十七门》,这个作品抒发了对家乡历史人文的热爱之情,以“老重庆九开八闭”十七道城门为内容,也叫作“数城门”。2000年后,多位已经退休,但仍处于创作高峰期的重庆戏剧曲艺艺术家,组织成立了“琴音艺术研究会”,“琴音”即“扬琴和清音”。这些老艺术家有周继培、陈雪、马光华、隆学义、曾令弟、陈再碧、李成果等。研究会的会长是时任渝中区戏剧家协会主席、木偶剧团前团长唐政。艺术家们在渝中区中兴路开展“周周演”活动,十元一张票。这些饱含传统韵味,表达人物真情,又进行了现代加工的作品,得到观众的追捧。艺术家们演出了清音《四季雨》《秋江》《渝州美食味道绝》《断桥》,盘子《姐妹对花》《尼姑下山》《尼姑思凡》等作品。2010年后,马光华仍旧活跃于四川清音的创作和演出中,她以金秋艺术团为依托,根据盘子《三个媳妇争婆婆》改编为盘子《拆迁款》一曲,还担任曲艺剧《刘姥姥进大观园》的音乐设计。曲艺剧《刘姥姥进大观园》是隆学义先生的遗作,由笔者的师弟袁国虎代为完善编演,终而登上舞台,这部师徒合作编剧的作品,也浸润着师母的不少心血和汗水。她以殷殷慈母情怀,用艺术的精神深深影响着我们。

事实上,马光华从40岁之后,就开始把工作的中心转移到了教学育人和艺术传承上。

马光华在重庆艺校搞教学,担任的不是清音演唱的专业教师,而是声乐教师,这一选择与她的长期思考和经验总结有关。前面说到,她认为清音要走向更为广阔的未来,必须经历一场“现代的转型”,这个转型,需要包括“对更为科学的发声方式的习得”和“对姊妹艺术优秀演唱方式的借鉴”等过程。她谈道:“我们上辈都是口传心授,老师们都有着丰富的演唱经验,但是他们的发声方法不科学,发声的位置不对，这样很容易唱坏嗓子。嗓子没了，艺术无处依附，‘哈声哈气’的声音不会感动观众。”马师母的好朋友，著名朗诵家张良策不无真诚地说：“马儿（指马光华）是四川清音承上启下的人物。”或许是巧合，或许是四川清音的发展历程刚好在师母这里转弯，自马师母之后，所有演唱清音的演员，都开始有意识地学习科学发声方法，吸收姊妹艺术种类的优秀演唱方式来尝试改变。四川清音的演出风貌、艺术格局、声场感受有了深刻的转变。马师母至少是引领这个风尚的人。本质上说，她也真是一个好思考的有心人。

曲艺是重要的非物质文化遗产，近年来，马光华做了不少传承工作。她不仅为重庆市曲艺团带学生，传承表演技艺，还为大足、大渡口等地的文化馆编排普及型的曲艺节目服务群众。同时，她还在重庆艺校担任“非遗传承”的授课老师。前来寻访求教她的人络绎不绝，她孜孜不倦地传播优秀传统文化，已然成为一位“名师”。

笔者想以隆学义老师和马光华师母合作的四川清音《四季雨》作为这篇文章的结尾：

春季里爱落毛毛雨，
不知不觉打湿衣，
湿了青丝发湿在眼睛里，
润得心头情意蜜。
……

忆重庆国立艺专校长潘天寿

姜孝德
（重庆市江北区文化馆）

潘天寿（1897—1971），原名天授，字大颐，号阿寿，别号寿者、雷婆头峰寿者。浙江宁海人。20世纪著名中国画家、美术理论家、教育家。1915年，考入浙江省立第一师范学校。1923年，任上海美术专科学校及新华艺术专科学校中国画教授。1928年，任杭州国立艺术学院教授。1929年，赴日本考察美术教育。抗日战争期间，曾任教于东南联合大学艺术系。1944年至1946年，在位于重庆江北盘溪的国立艺专任校长。1949年后，任中央美术学院华东分院副院长、浙江美术学院院长，中国美术家协会副主席、全国人大代表。1958年，被聘为苏联艺术科学院名誉院士。长期从事中国画的教学和创作活动，对继承和发扬民族美术事业做出了贡献。作画主张："须有高尚之品德，宏远之抱负，超越之见识，厚重渊博之学问，广阔深入之生活，然后能登峰造极。"敢于破常规，创新格，作画笔墨浓重豪放，色彩原纯，气势雄阔。长于写意花鸟和山水，亦画人物，并长于指头画。传世作品有《雁荡山花图》《百丈岩古松图》《雨后千山铁铸成图》《红莲图》等。出版有《中国绘画史》《潘天寿美术文集》《潘天寿画册》《潘天寿书画集（上、下）》等。

当今书画市场，陆俨少作品的价格节节攀升，高到了令人瞠目结舌的程度。2004年，他的《杜甫诗意画百开册页》以6930万元成交，在北京创下了当时中国书画拍卖史上的最高价，超过了傅抱石之前拍得1980万元的《毛主席诗意山水册八开》。

然而，就是这个人，自从认识潘天寿之后，就对潘先生毕恭毕敬，每次写到潘天寿必称"潘老"，在潘天寿纪念馆的建设过程中，陆俨少的表现更让天下人为之动容。1989年，潘天寿纪念馆因经费问题遇到了困难，简言之，就是设计得很好，但上级划拨的经费不够。结果只有两个，要么改设计，要么找赞助。当时管理建设的都是文化人，他们常用的办法就是请名人画画变现。在浙江，陆俨少名气很大，且与潘天寿关系也特别好，本说找他要一张画不是难事，然而，前不久潘天寿基金会成立时，陆俨少才捐了一张四尺整张的山水画，再找……真是说不出口。事也凑巧，正在这时，陆俨少前来看纪念馆的工程进度，管理工程的人就向陆俨少汇报工程情况，最后说到经费问题就有点儿吞吞吐吐了。陆俨少得知情况后说："潘老的事，我要管的。"不久，他就向纪念馆捐赠了一张山水画。

陆俨少与潘天寿是怎样一种关系，他为何愿意为潘天寿做如此大的贡献？

1949年以后，陆俨少一路走得跌跌撞撞。初期入同康书局任绘图员，而后想去安徽，却因上海的邀请而留下；1957年因为一句"上海美协不挂中国画像外国美协"的调侃话，被打成右派，从此低人三分。因为是右派，得不到重用，只让他管管资料。

1961年，浙江美术学院(前身为国立艺专，后来为中国美术学院)将中国画与西洋画分开教学，设独立的中国画系。潘天寿当时是校长，他对师资挑选极严，为寻找到合适的教师，他亲自出马，奔波于浙江、上海等地。然而，难有中意者。此时，浙江美院绘画系到上海进修的学生姚耕云带回一本册页《杜甫诗意画百开册页》，希望潘校长能够在上面写点儿什么好留作纪念。潘天寿打开册页，眼睛都直了，不论是画、题诗、跋、书法都堪称上乘，于是赞叹道："画、诗、书法皆属上品，笔墨有灵气，格调高，难得，难得，正是我要请的中国画教师。"而此时，潘天寿与陆俨少尚无一面之缘，他甚至不知道陆俨少这个人的存在。不久，潘天寿专程赶往上海，希望将陆俨少调入浙江美院。然而，他的老同学、上海中国画院院长丰子恺开门见山地说："陆俨少是摘帽右派，你敢用吗？"一句话问得潘天寿语塞。那个年代，摘帽右派依然像瘟疫，人人犹恐避之不及。潘天寿只是一个艺术家，对于如此敏感的政治问题，他不太了解，因此不敢接话，只能回到学校向院党委汇报。党委也颇感棘手，便说："研究研究。"于是便没了结果。潘天寿求贤若渴，不久再度前往上海，这次，他想先私而后公——先了解一下他的人品再说吧。他找了自己在上海的一些朋友，譬如朱屺瞻等人聊天。大家都觉得陆俨少绝对是一个诚实的知识分子，只是没有城府，所以成了右派。潘天寿阅人无数，坚信人品就是一切。听了大家的议论，喜悦之情溢于言表："人品好，我就放心了！一切，我去努力。"回到学院，他缠着党委书记要回话，东说西说，最终同意了。岂知，党委这边同意了，上海那边又卡起了——上海画院不放人。天下的事，就有这么怪！没人要的时候，让陆俨少管资料，不觉得是浪费，有人三番五次前来要人，一下子又觉得他是宝了。潘天寿竭力游说，上海画院死活不松口。他们愿意另荐十人，让潘天寿选，但潘天寿却非陆俨少不要。最后大家商定，一半一半：陆俨少仍为上海画院画师，兼任浙江美院教授，即一个学期他去美院教两个月的课，两个月在上海。然而这种兼课也只维持了三年。兼任浙江美院教授对于陆俨少而言，更多的是一种精神上的满足，仿佛是被"重用"了；情绪的改变，对于陆俨少的创作起到了较大的促进作用。再次踏入浙江美术学院担任国画系山水画研究生导师，已经是1979年了，是年陆俨少已经七十有一了，而正式调入浙江美术学院则是在1980年。尽管如此，陆氏一生对潘天寿感激不尽，他钦佩潘的为人，钦佩潘的学养，钦佩潘的画技。

潘天寿到底是一个什么样的人？

潘天寿，清光绪二十三年农历二月十二号(1897 年 3 月 14 日)出身于浙江省宁海县的书香世家。这一天是传统的百花节，因此，他曾经刻了一枚“百花生日生”的印章，每遇画了得意之作，他便要揿上这枚印。

他的爷爷、父亲都是秀才。他的母亲在他七岁的时候便去世了，这不能不说是一种遗憾。或许因为这样，父亲对他的行为都比较宽容。他在乡下读初小，在县城读高小。1915 年，他毕业了，父亲要他回乡找事做，他不从，想读书。这个时候，他听说浙江一师读书不要钱，于是就告诉父亲。父亲想了想说：“如果，你能考上，你就去读吧，考不上就回家找事做。”父子俩就这样约定好了。经过一番努力，潘天寿以这一届第二名的好成绩被学校录取。

一师，是潘天寿一生一个重要的转折点。在这里，他接触到了一批具有先进思想的著名知识分子，譬如民主主义教育家、书画家经亨颐，音乐、书法、戏剧皆可称家的李叔同，文学家、教育家夏丏尊，修辞学大家、语言学家陈望道等。这四人都曾留学日本，其学养堪称中国一流。对于他们的品德和才学，潘天寿极为钦佩。尤其是他们希望通过教育来拯救中国的热情，对青年潘天寿人生观的形成，具有深刻的影响。他目睹了才华横溢的李叔同避世出家，又眼看深孚众望的经亨颐因支持新文化运动而被免职，再加上五四运动浪潮，进一步坚定了潘天寿献身于民族艺术和教育事业的决心。他觉得自己“无干事之才，只有画画尚能胜任”，因而一心一意想通过振兴民族艺术来提振民族精神。这个思想，后来成为他整个一生艰苦奋斗的精神动力。二十四岁，潘天寿从一师毕业，李叔同赠他偈语(唱颂词)一首：“学无古人，法无一可；竟似古人，何处着我?”李叔同的话，对潘天寿的艺术观念有很深的影响。

从一师毕业后，因无处找工作，他便回到县城教书，后来又转到浙江省孝丰县(今属安吉县)教书。然而，他内心仍旧渴望在绘画上有所成就。1923 年春，经一师的老师介绍，他到上海民国女子学校任教；不久，经朋友诸闻韵介绍到上海美专兼任国画老师。从一个学画者，一跃成为国画老师，自是乐不可支，不管怎么说，至少他又向自己的理想靠近了一步。还是这个诸闻韵，后来又把潘天寿介绍给了吴昌硕。此时的吴昌硕，名满天下，年纪已经八十岁了，要不是诸闻韵是吴昌硕的远亲，而且还是他孙女的国文老师，大概他是不会见潘天寿的。后来潘天寿回忆说：“我在二十七岁的时候，到沪任教于上海美专。得老友诸闻韵的介绍，始和昌硕先生认识。那时候，先生的年龄已近八十了，身体虽稍清癯，而精神却很充沛。大概每日上午作画，下午休息。先生和易近人，喜谐语，在休息的时间，很喜欢和朋友谈天。我与昌硕先生认识以后，以年龄的相差，自然以晚辈自居，态度恭敬，而先生却不以此而有所距离，因此谈诗论画，请益亦多。回想种种，如在眼前——一种深情古谊，淡而弥永，真有不可语言形容之慨。”

有一天下午，潘天寿去看望吴昌硕，此时他刚从午睡中醒来不久，精神很好，就很随和地与潘天寿谈论起诗和画来。谈论中，潘天寿的见解与吴昌硕的见解颇为相似，彼此谈得很高兴。第二天，吴昌硕特地写了一副集古诗句的篆书对联送给潘天寿。对联的上联是：天惊地怪见落笔，下联是：巷语街谈总入诗。吴昌硕看古今的诗文书画，几乎都只说好，而不给评语，这是他平生的态度。他送给潘天寿的这副篆书集联，自然是褒奖后进的一种办法，不过这种方法吴昌硕极少使用，足见他对潘天寿的重视。如此珍贵的东西，潘天寿自然宝之藏之，视若生命的一部分。抗战爆发，日军兵临杭城，潘天寿外出躲避，没想到一跨出门就是那么多年，因而，许多珍贵的书画收藏，也包括那副字都丢失了。

潘天寿与吴昌硕虽然没有拜师之名，但却有师徒之实。

有一次，潘天寿画了一幅山水画，自己觉得还很满意，于是就拿去给吴昌硕看。他看了以后，当着潘天寿的面，一连说了无数个“好”。不过，当天晚上，他却写成了一首长古，第二天早晨，就叫潘天寿的朋友诸闻韵带去交给潘天寿。诗里的内容，可说与平时不同，诫勉重于褒奖。诗里透露了吴昌硕对规则的尊重，且力主循序渐进，不主张冒险速成。诗及文字如下：“《读阿寿山水障子》‘龙湫飞瀑雁荡云，石梁气脉通氤氲。久久气与木石斗，无挂碍处生阿寿。寿何状兮颀而长，年仅弱冠才斗量。若非农圃并学须争强，安得园菜果瓜助米粮。生铁窥太古，剑气毫光吐，有若白猿公，竹竿教之舞。昨见画人画一山，铁船寒壑飞仙湍。直欲武家林畔筑一关，荷篑沮弱相挤攀。相挤攀，靡不可，走入少室峰，蟾蜍太么麽，遇着吴刚刚是我。我诗所说疑荒唐，读者试问倪吴黄。只恐荆棘丛中行太速，一跌须防坠深谷，寿乎寿乎愁尔独。’”艺术讲究个性，但这个个性不能放弃传统而任意自立门户，否则，书画评判的标准便会荡然无存。吴昌硕从画中感觉到了潘天寿对法度的轻视，个别地方甚至表现得太自由了。

其实，潘天寿在做这样的创新时，他也心知肚明：“我在年轻的时候，便很喜欢国画；但每自以为天分不差，常常凭着不拘束的性情，和由个人的兴趣出发，横涂直抹，如野马奔驰，不受羁勒。对于古人的‘重工夫、严法则’的主张，特别加以轻视。这自然是一大缺点。昌硕先生知道我的缺点，便在这幅山水画上明确地予以指出，就是长古末段中所说的‘只恐荆棘丛中行太速，一跌须防坠深谷，寿乎寿乎愁尔独’。他深深地为我的画‘行不由径’而发愁。”吴昌硕的诫勉对行走在艺术歧途上的潘天寿，无异于是一声断喝，引起了潘的思考。此后，他的画从野马似的任意挥洒，逐渐收敛，并注意向传统讨要笔墨。上海五年，他的花鸟作品以学吴派风格为主，山水则主要受石涛、石溪的影响，作品从粗野迅速走上纯炼，笔墨、布局、意境都完全走上正路。他的作品与传统有了明确而紧密的联系，并且深入地而不是浮浅地向吴昌硕、石涛、石溪、八大山人等大师学习。

潘天寿与吴昌硕有如此一段画缘，不论是否拜师，他都应该被算作吴门弟子。最初，潘天寿学吴昌硕，几近临摹，而后从气韵上学，最后从精神上学。吴昌硕曾经说过这么一句话：“阿寿学我最像，跳开去又离开我最远，大器也。”说到这里，我们不禁又想起了齐白石的那句名言：“学我者生，似我者死。”美术创作，对每个人而言，就是必须找到自己独特的风格，否则，永无出头之日。

在上海的这段日子里，他借地利之便，还拜访了王一亭、黄宾虹等前辈画家，也结识了同辈的画家朱屺瞻、吴茀之等。这些交游无疑开阔了他的视野，也丰富了他对中国画的认识。因为在上海结交了一大批美术界的朋友，所以1926年，他与俞寄凡、潘伯英等人创办了上海新华艺术专科学校。

1928年初春，他应杭州国立艺术学院之邀担任中国画教授兼书画研究会指导教师。自此便定居杭州。不过，这一时期，他仍然兼任上海美专、新华艺专等校的教职，奔波于上海与杭州之间。1930年，潘天寿与国立杭州艺专的女生何愔结婚。何愔温柔娴静，父亲是杭城名医，家教良好。与潘天寿结婚后，她放弃了自己的事业，全身心照顾家庭。她与潘天寿经常诗画相和，既是潘天寿生活上的贤内助，又是艺术上难得的知音。潘天寿在老家曾经娶过一姜姓女子为妻，两年前，便与其离婚了。潘天寿的父亲一直觉得过意不去，始终让姜氏住在潘家，直至她35岁因肺结核病去世。

1923年至1937年十余年间，潘天寿的绘画技巧突飞猛进，昔日的吴下阿蒙凤凰涅槃，成了国立杭州艺专的名教授了。然而，“七七”卢沟桥事变的枪声，惊得鸽子满天乱飞，还没等中国人缓过气来，8月13日，日寇又在上海发动了进攻，战火距离杭州已经不远了。9月，杭州已无宁日可言，敌机轰炸杭州笕桥机场，轰炸闸口，还飞到湖滨及闹市区肆意扫射。1937年10月，日军逼近杭州，城中硝烟弥漫，人心惶惶。国立杭州艺专师生为了不受日寇统治，决计向后方撤退。此时，潘天寿膝下已有二男一女，如果要转移，还得带上岳母家一起走。潘天寿思前想后，最后决定抢在国立艺专转移前先走，不然，到学校也要转移的时候，他真不知道该顾哪一头。仓促中，他们只随身带了必需的衣物，其余的家什，包括十几年积存下来的字画、诗文、书稿、信札、书籍、印章都留在住所。为了安全，潘天寿用厚实的木板将门窗钉死。然而，待流亡归来，一切珍贵的资料皆丧失殆尽，让他痛心疾首。

1937年10月开始流浪，到1946年秋天返回杭州，前后九年。这是怎样的日子啊！

何愔身体不好，一踏上流浪之路便生起病来，以至于他们不得不在建德停留两个月。本说等何愔的病好了再走，然而，不久就听说日本鬼子距离建德不远了。于是只得仓皇起程，逃往缙云。

当潘天寿听说杭州艺专在湖南沅陵与北平艺专合并后，他只身一人赶往沅陵，找到学校、租好住房，然后又掉头回到缙云，接妻子、儿女和岳父母上路。如此艰难的流浪，如果不是因为战争，恐怕永远都不会有。常言道，“宁做太平盛世一只狗，不做离乱人间一个人”，这样的体会，只有有切肤之痛的人才能说出来。

一天夜里住宿金华。潘天寿就对何愔说：“何愔，金华是交通要道，自古是兵家必争之地。我看飞机轰炸肯定会比永康、缙云更厉害。我们要警惕一点儿。”第二天凌晨，警报声就把人们叫醒了。潘天寿立即就带着夫人与孩子离开了旅馆。其实，何愔住进这家旅馆后，心里就惴惴不安，总觉得要出事。但她又觉得这种感觉可能是一种唯心的想法吧，也就没和潘天寿说。潘天寿提出离开旅馆时，她就立即收拾东西跟着走了。当潘天寿带着夫人孩子、岳父母离开旅馆，说是去躲警报时，同旅馆的旅客都露出了惊诧的目光。因为这家旅馆看样子还比较坚固，他们又住在一个水泥晒台底下的房间里。出了旅馆，越过车站，他们朝野地跑去。不一会儿，飞机真的来了，黑压压的一片，刹那间，只见满天的炸弹飞落而下，地动山摇，爆炸声震耳欲聋。爆炸过后，当他们站起来，抖去身上的尘土，放眼一看，金华城已经变了模样。满目的断壁残垣，到处是硝烟和鲜血，一只被炸飞的断臂高高地挂在树枝上，还有一条血肉模糊的腿悬空挂着，正滴着殷红的血。运载士兵的车厢还在燃烧，冒着浓黑的烟。他们住的旅馆已经被炸得面目全非，车站附近的建筑物，全部被炸平了。

何愔望着潘天寿："住进这家旅馆，我就心绪不宁……好险啊！"

潘天寿说："我可不是凭感觉啊，我是理性的分析。"一种劫后余生的苦笑浮现在他的脸上。

夫妻俩千辛万苦才赶到了沅陵，租了间房子住下来。没过多久，学校又要转移了，潘天寿真是欲哭无泪。学校落足在哪里，谁也不知道；更不知道的是能在那儿待多久。这样的搬迁，何时是个尽头啊！他想来想去，只得决定把妻儿和岳母亲送回浙江老家，等一切稳定了再接他们来住在一起。

安顿好一家人，潘天寿接到了消息，学校已经迁到了昆明市区。于是，他便和张振铎上路了。战争年代，交通之艰难，常人真无法明白。他们先是乘坐火车到桂林，敌机一来，全车人都要下来躲敌机，敌机飞走了，再上火车……走走停停，好不容易到了桂林，铁路就断了，于是，他们就搭乘汽车往南，能乘坐一段是一段，不能乘坐了，走路也行。他们经柳州、南宁，然后经睦南关（后更名为"友谊关"），进入越南，又从河口搭乘列车沿滇越铁路赶到昆明。

笔者执笔写潘先生这些往事，心里免不了嘀咕。他为什么要那么执着地追赶学校？如果仅仅是为了有一份工作，好养家糊口，他完全可以不必这样。比如他在英士大学，就完全可以不往重庆赶了。应该说，还是为了他心中的那个理想——为中国培养更多优秀的美术人才。

在昆明市区没待多久，因惧怕敌机轰炸，学校又迁到安江村。不久，日军从南疆进攻中国，加之继任校长吕凤子希望把学校迁往重庆璧山。于是艺专又长途迁徙，搬往重庆璧山。

虽然潘天寿担任了教务长，但由于他与吕凤子的教学方法不同，二人发生了矛盾，互不相让。有人说，潘天寿平时待人接物非常随和，而在教学观点上却固执得像一头牛。适逢教育部出台教授休假规定，凡连续担任教授七年以上，成绩卓著者，可带薪休假进修一年。1941年，潘天寿便请假一年回到浙江。第二年，他打算回校上课，行至上饶，生病了，不得不折回缙云。1942年冬天，潘天寿到东南联合大学任教，后东南联合大学并入英士大学。学校迁到浙江云和，潘天寿便把家搬到了云和。

1943年初冬，教育部电令潘天寿出任国立艺专校长，并汇去交通费。他坚辞不就，并退回交通费。一方坚持请，一方坚持辞，僵持了数月。结果，艺专学生一份联名电报，击中了潘天寿心中最柔软的地方："为全国唯一的艺术最高学府的前途着想，先生，我们日夜盼望着您的到来。救救孩子！"1944年初夏，他终于同意就任国立艺专校长，开始动身从浙江赶往重庆江北盘溪。到重庆的时间大约是六月二十几日。

陈之佛辞去国立艺专校长一职后，由李超士代理校长。李超士（1893—1971），字骧，浙江杭州人。20世纪著名画家、美术教育家。曾留法学画，擅长粉画、油画。虽然他代理校长时间不长，但是，在国立艺专的历史上，却是应该留下一笔的。

国立艺专所在地，虽说偏僻，但也只算是都市边上的村庄吧，它距离主城，虽说隔一条江，但总的距离也就十来千米；要是去沙坪坝，走三五里路，过一条江就到了。学院所在地叫郭家院，北有盘溪河，南有龙脊山，也说得上是依山傍水。这郭家院原是一个地主的庄园，是三进院落，有三十多间房屋。这郭家院再大，对于一所大学来说，肯定嫌小。于是，学校在苏家湾租房子，作为女生宿舍，又在郭家院周围搭建起几十间茅屋供男教师居住，还搭建了一间很大的礼堂，平时作为食堂，需要时，可作开会或演出的礼堂。为了便于管理，学校筑起了一圈围墙把郭家院、男教师茅屋、大礼堂等全部围在一起。因为院墙粉刷之后是白色的，怕日寇飞机来轰炸，学生便到老乡家讨要“锅烟墨”（锅底灰）把墙刷黑，从此，老乡便称艺专为“黑院墙”。这个名称，也成了艺专的代名词。

潘天寿上任后，只有一个目的，就是真正把学校办好。为了请到好的老师，他要么亲自写信，要么亲自登门。请林风眠时，他带着谢海燕一起到南岸林风眠住处去请。当时，林风眠正在南岸一家工厂的仓库里栖身，日子并不好过。沅陵风波，让林风眠倍受打击，他不愿说艺专，也更不想去艺专。然而，他最后没能抵抗住潘天寿的真情，答应了。当年，是林风眠让吴大羽上门请潘天寿到杭州艺专担任教授的，而今却是潘天寿上门请他去国立艺专当教授。历史的轮回，蕴含着中国人的衔环结草、知恩图报的思想。更有人说，潘天寿亲自上门去请林风眠是他的气度。谁都知道，他俩在美术观念上，有些观点是截然不同的。林风眠倡导“中西画融合”，而潘天寿却倡导拉开“中西画的距离”。其实，国立艺专的伟大正在于此——兼收并蓄，百花竞放。大半个世纪过去了，我们回首再看，国立艺专的成就，足以在中国美术史上留下辉煌的一笔。比较典型的可以举“林风眠学派”为例。林风眠1927开始筹建国立艺术院（后改为杭州艺专），后任校长，至1938年到1944年间的离开，再到1951年彻底离开艺专（此时已为中央美院华东分院），前后约20年，其间，他的美术教育卓有成效，虽然没有宣言，但事实已经形成了一个“林风眠学派”，这个学派以林风眠为首，包括赵无极、朱德群、吴冠中、席德进、苏天赐、张功悫等人，这一画派把中国画与西方后现代印象画派相结合，形成一种面貌独特的画风。

潘天寿任校长期间，国立艺专所聘用的老师，较之陈之佛时代，应该是有过之而无不及。比如林风眠、倪贻德、谢海燕、吴茀之、吕霞光等人都是这一时期进入的。

为了给办学营造良好的环境，他不持偏见、不存派性，尽量避免各种矛盾，他除了让谢海燕任教务主任外，其他的一切基本上不变。他最希望国立艺专是一个世外桃源，一个真正的象牙塔。这在当时的大环境下，未免显得有些天真。潘天寿能阻止国民党对学校的掌控吗？当然不能。有人说，潘天寿当校长时，在学校的墙壁上写下了“请出一切党派”等标语。其实，这样的标语根本不是潘天寿让人写的，而是以张文俊、何燕明等为首的学生干的。尽管如此，他对师生的抗日行为总是尽力地支持，甚至后来连对学生参加民主游行也采取不干预政策。1946年1月25日，中国人民政治协商会议（旧政协）在重庆开会期间，艺专学生竟组织了70多人参加游行请愿，这天早上，学生的火把照亮了学校操场的夜空，潘天寿难道一点儿没有风闻？2月10日，学生组织参加“陪都各界庆祝政治协商会议成功大会”，到了较场口，结果发生了较场口事件。第二天，《新华日报》刊发消息，其中提到国立艺专，为此，潘天寿还受到了教育部的指责。此外，艺专学生还参加了不少类似的政治活动。潘天寿对待进步师生是宽容的，教师如倪贻德，学生如张文俊、何燕明、叶文西等。在特定的环境里，他不说并不代表他心中就没有正义感。

潘天寿的正直，得到了不少人支持，也得罪了一些人。张道藩的妹妹张道琨，拿着张道藩写的纸条来找潘天寿，希望她可以不参加考试而入学，潘天寿坚决不同意。这自然就得罪了张道藩。

潘天寿的时间很紧，但对于教学，他却毫不吝啬时间。当时，在艺专一无老师、二无教材的情况下，他坚持开篆刻班。没有教师，他来讲课；没有教材，他自己编。这个篆刻班，可能是中国美术院校开设篆刻班之始。当年，刘江就在这个班里学篆刻。后来，他虽然选学了油画，但最终他还是回到篆刻、书法上来了，而且成了著名的篆刻家、书法家。据说，潘天寿讲课魅力十足，不仅吸引了本校西画系的学生来听课，连嘉陵江对岸中央大学艺术系的学生也被吸引来听课。

抗战胜利了，学校由重庆迁往杭州。他觉得当校长太累了，而且，连画画的时间也没有，于是申请辞职。辞官后，真是无官一身轻！他又回到了画室，回到了创作中去，他甚至有时间琢磨起指画来。新中国成立前夕，有人劝他去台湾，他觉得自己只是一个画画的，从来不过问政治，逃什么呀！1949年之后，他也没有觉得有什么变化。只是，副院长兼党委书记江丰的一席话，把他说懵了："中国画不能反映现实，不能作大画，必然淘汰，将来是有世界性的绘画出来。油画反映现实，能作大画，是有世界性的。"潘天寿想，中国画一千多年来都受中国人喜爱，怎么会有这么多毛病呢？北宋的《清明上河图》不就是写实的，那么长，也应该算作大画吧？他不敢相信这话是从江丰口中讲出来的。没多久，更让他困惑的事发生了。年轻教师也开始批判他的艺术思想"是封建社会剥削阶级的腐朽思想，光玩弄笔墨趣味，对革命斗争抱旁观态度"。紧接着，学院的中国画系与西画系合并为绘画系。再后来，他被冷落了。他与吴茀之等人被分配到"民族美术研究室"。即使如此，他们也没有忘记自己的职责，他们抓住时机，收集一些古代字画、器物。这些东西后来成了中国美术学院的宝贝。

潘天寿与谢海燕（左）在重庆盘溪国立艺专里

在落寞中，他没有停止思考与绘画。也许是迫于形势的压力，也许是为了证明，1950年他画了《踊跃争缴农业税》，1952年，又画了《丰收图》，这些作品都是非常写实的，甚至就是宣传画。对于这些画的毛病，他应该是清楚的。1958年，再画《喜报丰收图》的时候，他也试图改变，至少在这张画上，那种生硬的看图说话味没有了，多少有了一点儿美感。画上的题跋，让我们看到了他被潮流裹胁的情景："是何干劲，桥亭社亩获丰收谷五千，户户家家齐庆祝，深心欢笑逐颜开。"这是典型的浮夸，

"亩产五千"，袁隆平都还没做到呢。谁也别笑！这是潘天寿的失误，更是那个时代的失误。艺术创作必须尊重艺术创作的规律，否则，就不会有好的作品出现。

有研究者认为，1956年到1966年，是潘天寿的成熟期，不但作品质量高，而且数量也不少。可惜好景不长。1966年"文革"爆发，潘天寿成了浙江美院第一批被揪斗的对象。他被关"牛棚"的时间最长，吃的苦头也最多，但他坦然面对。他私底下说，"文革"是一场灾难，和自然灾难一样，是无法预期和无法控诉的。有一次，他对一位老友说："人总是有这么一天的，年纪大了的人倒无所谓，担心的是国家和年轻人。国家的损失无法估计，年轻人失去了宝贵的青春，永远无法补救。"身处如此境地，他还在关心青年人，关心学生。然而，批斗他、打他、踢他最积极的竟然也是他的学生。这是怎样的世道哟！

一切的一切，真是心痛得让人难以用语言叙述。

更令人发指的是，1969年，造反派竟将他押回家乡宁海游街示众，致使其精神受到极大的摧残。回杭州的途中，他从地上捡了一张烟盒纸，写下了这样一首诗："莫嫌笼絷窄，心如天地宽。是非在罗织，自古有沉冤！"那个时代，无处申诉、无处控告，甚至无处呐喊，受害者只能让血往心里流。在没日没夜的折磨下，这位体质强健的老人身体渐渐垮了下去……1971年5月，专案组派人向重病在床的潘天寿宣读了定性材料，即定案为"反动学术权威、为敌我矛盾"。潘天寿气愤之极，当晚大量尿血，昏迷不醒。9月5日凌晨，他突然气喘得厉害，双腿剧烈地抖动，汗如雨下。他用最后的意志努力控制自己的双腿，嘴里还喃喃地说："我想叫它不抖……不成功，……我想……让它……不要抖……"一生硬朗的老人，一生未向任何困难屈服过的老人，终于没能斗赢死神，不情愿地合上了双眼。

1979年，潘天寿被平反，然而一切都来得那么迟，如果早来几年，潘天寿肯定还要画出许多好画；如果没有那么多穷折腾，潘天寿的艺术成就应该还会高一些。可惜人世间没有如果……

2004年，在上海朵云轩拍卖公司春季拍卖会中，一张署名为潘天寿的画作《锦葵红杏》以112.2万元的价格成交。后经专家鉴定，此系伪作。赝品都能卖到如此价格，那么真画呢？同年，在中国近现代书画拍卖专场上，潘天寿的丈二匹巨画《松鹰图》以500万元高价起拍，后以880万元的高价成交。笔者一直认为，不以销售价格来评定画家水平的高低，但笔者又想说，那毕竟是真金白银啊！作为评价画家的一个参考意见还是可以的吧。

潘天寿精于写意花鸟和山水，偶作人物。他尤善画鹰、八哥、蔬果及松、梅等。潘画构图诡奇，画面灵动，引人入胜；结构险中求平衡，其形精简而意远，勾石方长起棱角，墨韵浓、重、焦、淡相渗叠，线条中显出用笔凝练和沉健。他的书法独树一帜，非一般书家可比。他的指画也可谓别具一格，成就极为突出。这类作品，数量大，气魄大，如指墨花卉《晴霞》《朱荷》《新放》等，画的均为"映日荷花"，以泼墨指染，以掌抹作荷叶，以指尖勾线，生动之气韵，非笔力所能达。潘天寿作画时，每画一笔，都要精心推敲，一丝不苟。他在"有常必有变"的思想指导下，取诸家之长，成自家之体，他的画材为平凡题材，但经他入手的画，却能产生出不平凡的艺术感染力。

潘天寿作品

我们更应该注意到，潘天寿出生在19世纪末，生活在20世纪，他在画中表现出来的阳刚以及“强其骨”“一味霸悍”的精神，与中华民族追求解放、努力崛起的精神是完全一致的。我们说潘天寿的画是中华民族努力奋进精神的表现，应该说是没有什么不妥的。

潘天寿是20世纪中国画的重要代表人物，堪称大师级画家，如果20世纪一定要选出10个中国画家来，那么他也必定排在前10名之中。21世纪初，“百年中国画展艺委会”搞了一个无记名投票选举，最终选出了20世纪13名杰出的中国画画家，排名依次为：齐白石、傅抱石、黄宾虹、吴昌硕、林风眠、李可染、潘天寿、徐悲鸿、张大千、蒋兆和、刘海粟、石鲁、黄胄。这样的选举，未必人人都满意，但即使有出入也不会太大。

参考文献：

[1]刘尚才.乡土情结：纪念潘天寿诞辰110周年[M].宁波：宁波出版社，2007.

[2]卢炘.大笔淋漓——潘天寿传[M].杭州：杭州出版社，2004.

[3]郝兴义.潘天寿[M].太原：山西教育出版社，2006.

[4]潘公凯.潘天寿画论[M].郑州：河南人民出版社，1999.

抗战时期重庆的国泰大戏院

胡平原

重庆国泰大戏院建成于1937年1月，同年2月8日揭幕，夏云瑚担任总经理。夏云瑚（1903—1968），重庆巴县（今巴南区）人。1922年，毕业于广益书院商科。1929年，夏云瑚在重庆、成都两地经商，以豪爽、重义气，声誉江湖。不久又联络成都、重庆两地电影院，组成“长江影业公司”，任总经理。这时的夏云瑚还在上海结识了左翼电影工作者阳翰笙、蔡楚生等文化名人。在放映电影《列宁在十月》时，他将一幅巨形列宁油画挂在戏院门口，广告效益特别明显，观众增多，放映空前成功，因而在电影界崭露头角。大戏院宽阔无比，十分壮观，既可放映电影，又可演出戏剧。座位1780个，其中楼下1280个，楼上500个，座位均为铁靠背椅，金丝绒弹簧坐垫。天花板上有6个磨砂大吊灯，灯光从四周墙壁夹缝射出，墙上还有8个大风扇，戏院门口由霓虹灯构成的“国泰戏院”几个大字熠熠生辉。整个建筑及其设施在当时的重庆当数第一流。抗战时期，中国著名电影事业家夏云瑚经营的重庆国泰大戏院，白天放电影，晚上演戏剧。因此，抗战戏剧在这里进入鼎盛，抗战电影在这里登上高峰，中国四大名旦舒绣文、白杨、张瑞芳、秦怡等在里扬名，文艺大家郭沫若、夏衍、曹禺、白杨等在这里大展宏图，山城人民在这里分享抗日文化的精神食粮。

重庆国泰大戏院门前

一、放电影——丰富文化生活和带动餐饮行业

夏云瑚

抗战时期，重庆国泰大戏院放映的影片堪称第一流。戏院主要放映以美国为首的世界著名八大影业公司出品的电影——当时的联美、福斯、米高梅、派拉蒙、哥伦比亚、华纳兄弟等公司的影片。那时重庆是战时首都，各国驻华使节云集，各大影业公司先后派驻重庆的美、英、印度籍代表都把最新影片交国泰大戏院首轮放映。如福斯公司五彩歌舞片《出水芙蓉》曾轰动山城。一年之内陆续上映了《铁马》《封面女郎》《如此天皇》《罗密欧与朱丽叶》《大地》《阿里巴巴与四十大盗》《魂断蓝桥》《碧血黄沙》《乞丐皇帝》《白雪公主》《绿野仙踪》《北非大捷》和童星邓波儿主演的系列歌舞片，以及约翰·韦斯摩列主演的泰山系列影片。国泰大戏院当年还首映了《米老鼠》和卓别林的《淘金记》。特别是《大独裁者》，国泰获得其在中国的独家首映权。

在当时专门发行苏联影片的亚洲影片公司（以下简称“亚影”）先租赁的是魁星楼附近一幢三层楼房的二楼，以便放映电影。1944年前后，迁往国泰大戏院二楼。《苏沃洛夫元帅》一片就是在楼上那间办公室附设的半通道式暗室里试片并翻译的。亚影的片子如《普希金》《夏伯阳》《十三勇士》《大张挞伐》《夜莺曲》都首先在国泰上映。文化商人夏云瑚为此在报纸上以较大广告刊登宣传，特别在《夏伯阳》《大张挞伐》上映前一个月，邀请著名油画家陶宛青，在国泰门前左右各20来米的广告栏中，以大幅画面宣传，取得了预期的票房效果。夏云瑚为宣传苏联影片，以及为获准上映更多的苏联片，呕心沥血，煞费苦心。如有一部大型纪录片是斯大林在莫斯科红场庆祝“五一”国际劳动节的影片。当时国民党宣传机构是不允许放映的，夏云瑚和亚影商定，以《体育之光》片名报审才获通过。事后夏云瑚引用俚语“真正是内行看门道，外行看热闹”来嘲弄。

剧院在此期间还上映过蔡楚生的《孤岛天堂》和《白云故乡》等国产片，在重庆制作的《湘北大捷》《塞北风云》，以及“中电”由胡蝶、李纬演出的《长空万里》等国产片。国泰大戏院放映电影，给重庆戴家巷这一闹市中心附近的餐饮业带来了繁荣。国泰饭店、下江味的“春宝和”“四五六”“陆篙荐”等都是晚上11时电影、戏剧散场后情侣、观众络绎不绝地吃宵夜的去处。就连臭闻全巷的“油炸臭豆腐干”也迁移至电影院侧面，生意格外兴隆。斜对面与国泰有关联的“花果园”糖果店，不时推出“下午面包”等新品种，使观众既饱眼福又饱口福。

国泰戏院当时每天从上午10时半到晚上11时，正常情况上映5场，平均7成卖座也在6000张左右。票价受当时市财政局的控制，首片和二三轮相差无几，而外片都是按售票的三七开甚至二八开

结算。除去发电机等设备的费用和印花税等名目繁多的杂税，国泰的净收入还是较其他影院高出过半或数倍。放电影不仅丰富了人们的文化生活，而且还带动了周围餐饮业的繁荣。

二、演戏剧——鼓舞抗日斗志和激发爱国热情

重庆国泰大戏院除放映电影外，就是上演戏剧。平时演出时间从晚上7时半至11时，上演3小时左右，而雾季公演的时间就不一样了。何为雾季公演呢？

抗战时期的重庆，由于日机经常狂轰滥炸，每年很长一段时间无法演出。而重庆的气候尤为独特，每年从10月起到第二年5月均为雾季，这个时段漫天大雾，日机空袭，犹如"瞎子摸象"，难分东西。当时重庆文艺界，在中共中央南方局（以下简称"南方局"）领导的抗日民族统一战线的引领下，趁此良机举行大规模的盛大演出，因此被文化界人士美其名曰"雾季公演"。

1941年10月到1942年5月，为重庆首届雾季公演。之后，一直到1945年，重庆"雾季公演"在日机轰炸的间隙中坚持了四届。"雾季公演"掀起了中国话剧运动，由此重庆成为话剧运动的中心，也称为中国话剧史上的黄金时代。仅中华剧艺社，在雾季公演中即先后上演了于伶的《长夜行》、夏衍的《愁城记》和《法西斯细菌》、欧阳予倩的《忠王李秀成》、郭沫若的《屈原》、阳翰笙的《天国春秋》、老舍的《面子问题》、沈浮的《重庆24小时》、曹禺的《北京人》和《家》、吴祖光的《风雪夜归人》、陈白尘的《岁寒图》和《石达开》等近20个优秀剧目。四届"雾季公演"共有28个剧社、团、队参加演出，共演出大型话剧110多台。

雾季公演的盛况，大大触发了剧作家们的创作热情和灵感，一度时间，重庆成了戏剧作家的丰产地。譬如：郭沫若在抗战期间就创作了《棠棣之花》《屈原》《虎符》《高渐离》《孔雀胆》《南冠草》等6部历史剧；阳翰笙则创作了《李秀成之死》《天国春秋》《草莽英雄》等3部历史剧。"雾季公演"的剧目，乃至整个抗战时期的戏剧，大多是抗日救亡的主题，同时也有许多揭露国统区黑暗腐败现象的剧目。当时由于国统区文网森严，进步作家们以历史剧为武器，借古喻今，因而掀起了历史剧创作与演出的高峰。

参加雾季公演的演出人员，完全是中国话剧界的精英。譬如：著名导演陈鲤庭、应云卫、石凌鹤导演了三至五个大戏；著名话剧演员金山、白杨、舒绣文、张瑞芳、魏鹤龄、陶金、项堃、吴茵、路曦、耿震、孙坚白（石羽）、沈扬、江村、施超、章曼苹、秦怡、赵韫如、谢添等，除金山只饰屈原外，其他每个人都在三五个戏里担任重要角色；张瑞芳在《棠棣之花》中饰酒家女，《北京人》中饰愫芳，《大雷雨》中饰卡特琳娜，《屈原》中饰婵娟，另在《陌上秋》《遥望》中担任重要角色；舒绣文也在六出大戏中扮演洪宣娇、聂嫈、伊丽莎白等角色。

雾季公演剧照

国泰大戏院门前

参加雾季公演的还有：中央实验剧团、戏剧工作社、教育部实验剧队、新生剧社、东方剧社、力行剧社、中央银行业余剧团、邮工剧团、东吴大学、沪江大学法商学院、朝阳大学剧社、中国业余剧社、中电剧团等，真可谓集一时之盛，而中华剧艺社、中国艺术剧社则是其中的主力军。中华剧艺社是在“皖南事变”之后，由阳翰笙提出，受南方局周恩来书记关爱，约请应云卫出面筹组的。剧团先在重庆南岸的苦竹坝集合周峰、张立德、丁然等二三十人为班底，后来又有张逸生、金淑之等人参加。由陈白尘、陈鲤庭、辛汉文、刘郁民、孟君谋、贺孟斧组成理事会，应云卫为理事长（对外称“社长”）。那时候演职员工睡的是稻草铺，吃的是大锅饭，演出时则请国泰大戏院经理夏云瑚帮忙，以国泰大戏院为演出基地。

在抗战戏剧进入鼎盛时期的同时，抗战时期中国电影事业也进入高潮。中华全国电影界抗敌协会、中央电影摄影场和中国电影制片厂及大批电影工作者先后迁到重庆，他们以宣传抗日救国为己任，出产了一大批反映抗战现实，配合抗日战争的优秀影片。如故事片《孤城喋血》《北战场精忠录》《八百壮士》《热血忠魂》等，纪录片《我们的南京》《重庆的防空》等，都以抗战为主题，不仅鼓舞了人们的抗日斗志，而且激发了人们的爱国热情。

三、用人脉——搞好国泰大戏院的各种关系

夏云瑚是一个社会知名人士，人称“影剧业托拉斯”，又是同业公会的头面人物，在重庆，别人摆不平的事，他都能摆得平。自从重庆成为战时首都之后，情况复杂起来了，这些也难不住出过夔门的夏老板。

抗战时期，有一张《重庆人报》问世，执照是宣善玙的，名义上夏云瑚是负责人。其实该报由夏云瑚出钱，故给他一个董事长名义，“私会”人员曾祥麟为社长，总编辑李鲁子，采访主任雷禾村，副主任张建，经理吴启文，这些全属这个“私会”的人物，报社设在国泰大戏院斜对门，中华剧艺社左边，形成三角形。这都是夏云瑚每天活动的范围。《重庆人报》也是一个结交朋友的地方。执政的国民党内有些派系虽然都反共，但是在方法上、态度上也是不一致的，加上官场中的利害关系产生的钩心斗角。在抗战前，蒋介石手下的特务机构都可以抓人（逮捕），抗战开始后，考虑到国共合作，不得不加以限制，故意把逮捕权交给军统。军统则指定每个地区卫戍总司令部（警备司令部）稽查处为公开、合法的机构，行动时必须有当地警察局和保甲配合，重大的还要宪兵参加，所以没有蒋介石（或通过戴笠）的指示、命令，行动机构是不会行动的。

1942年，在国泰大戏院上演《屈原》时，潘公展大嚷大叫要取缔上演，并由国民党重庆市特别党部派了几个人，持函“函请”市警局配合执行。国民党市党部不能管政，故只能“函请”。为了控制市政，一个是把市长选为“市监委”，把警察局局长选为“市执委”，这只是表面形式。市执委是属于CC系的，会听命于市党部，不是CC系的就不一定听话了。当时市警察局局长唐毅对这“函请”正在考虑对策。此时，夏云瑚找到宣善玙说：“外面盛传要取缔《屈原》继续演出，我告诉你一个情况，《屈原》预售10场门票，每场1200人，10场多少人？如果其中观众围着国泰闹事，您二分局怎么办？治安还管得了？”宣善玙想了一想说：“你去找分局长，给‘三省公’大爷讲讲这个利害，要他们向唐局长汇报。”夏云瑚游说了几个“三省公”大爷兼分局长的，告诉他们这个利害，果真有效。宣善玙对夏云瑚说：“只要老头子（蒋介石）、老板（戴笠）不下条子，唐局长是不会拍板的。”当时英美大使馆、外国记者在重庆，对蒋介石的独裁也不甚满意，如果出现违反民主的事，一捅到华盛顿，“美援”就会有问题。当时国内舆论力量很大，除了《新华日报》外，几家民办报有不少进步记者，何况《屈原》一剧演出后，一些知名人士如黄炎培，还有国民党的中委陈铭枢等都在赞扬是部好戏，老头子（蒋介石）对此只有不

加表态，所以国民党市党部一再“函请”警局取缔，警察局长为了保住乌纱帽，只按兵不动，因此《屈原》顺利演出。

《屈原》剧照

周恩来在庆祝《屈原》演出成功后说：“在连续不断的反共高潮中，我们钻了国民党反动派一个空子，在戏剧舞台上打开了一个缺口，在这场斗争中，郭沫若同志立了大功。”政治斗争是十分复杂的，在复杂微妙的过程中，夏云瑚的国泰大戏院做了一些别人办不到的事。

四、对剧人——落落大方给予援助

夏云瑚对影院管理有方，对剧人落落大方给予援助。他制定有严格的财经制度，当天营业额一律存入银行，一分一厘都不能动用，若有人找他借钱，便断然拒绝。但是对穷困剧人，夏云瑚却十分慷慨，演员生活有困难，要借一百两百，他立即就叫会计办理。

吴茵在重庆南岸农村参加影片《保家乡》的拍摄，生活极其艰苦，演出中吴茵不幸被大刀砍伤，住进宽仁医院，夏云瑚知道后便送去住院伙食费和慰问品。

周伯勋是中国电影制片厂名演员（后在升平剧场任副经理），住中一路酱油店楼上。1941年6月，日机狂轰滥炸重庆七星岗一带时，住房被日机炸毁，生活困难，夏云瑚便立即写了个条子，在国泰会计杨季渝处领取300元资助他。

中华剧艺社前台主任沈硕甫突患脑溢血去世，他是因公殉职的，白天还在前台忙工作，晚上忙着清理娱乐税，纯属操劳过度。他死后，家庭经济拮据，剧社无力料理丧事。应云卫找到夏云瑚商量，夏云瑚立即表态："我资助丧葬费。"同时夏云瑚以国泰大戏院的名义发一个讣告，向社会各界募捐。经过夏云瑚多方努力，沈硕甫的丧事办得很隆重。出丧那天，重庆街头出现了长长的送葬队伍。

1944年春，贺孟斧从成都匆匆赶来重庆为中国万岁剧团排导话剧《秣陵风雨》，因患疟疾住进重庆市民医院治疗，哪知经注射奎宁针及"九一四"后血液中毒，不幸逝世。贺孟斧生前清贫，毫无积蓄，死后丧葬费也成问题。夏云瑚便前往南岸"中电"，慷慨捐助丧葬费法币2000元。出丧那天，夏云瑚赶到南岸亲送灵柩至沙锅窑下葬。

1940年夏云瑚（前排左2）和家人在重庆

夏云瑚在影剧界广结人缘，乐于助人，结交的朋友很多，有的就住在他家里，夏从不计较生活开支。夏云瑚在南岸马鞍山有幢私宅，敌机轰炸时，夏云瑚就过江到南岸去住。蔡楚生、阳翰笙、司徒慧敏、张瑞芳、白杨、吴茵都在马鞍山住过一段时间，一方面躲警报，另一方面开展左翼文化活动。沈浮的三幕话剧《重庆24小时》就是在南岸夏云瑚住宅创作完成的，然后把脚本送到市区去排练。

夏云瑚三次连任重庆市电影戏剧业公会理事长。国民党统治时期，苛捐杂税繁多，物价时而暴涨，重庆市影剧业濒临倒闭，夏云瑚为此亲自去找市长贺耀组，呼吁救济贫困从业人员，拯救影剧业。他在重庆电影戏剧业公会举行的记者招待会上说："影剧是唤起民众的宣传工具，而将影剧列在不正当行业为取缔税（即娱乐捐）内，极不合理。而今，娱乐捐由30%增至50%，再加印花税10%、冬令救济、天灾救济，总计捐税占百分之七八十，使剧院负债累累，从业人员生活苦不堪言，我市影剧业已濒临倒闭。"他强烈呼吁政府减少税收，拯救重庆影剧事业。电影戏剧业公会常务理事周伯勋也说："人类文化生活中，没有人能否认不需要艺术，影剧在艺术中的重要性更无须解释。即使在'五三''五四'大轰炸中，渝市剧人全下乡避难，当局曾下令全市娱乐场所务于三天内开业，以定人心，繁荣社会，这已是证明社会需要影剧，但为何对捐税一项却找影剧界的麻烦？现在只有两条出路，一条是改变现状，政府减税，一条是剧场关门，坐以待毙。"为此，市政当局非常恼火。

翌年，夏云瑚便受人诬告（即所谓的"伪造戏票案"）而被捕入狱。事实真相却是这样的：1945年3月，国泰大戏院售票员刘荣栋私托易伯林在丁正奎处印制戏票54本，企图牟利，丁正奎在过江轮渡上失落戏票四本，伪造戏票事件泄露，刘荣栋畏罪潜逃。国民党顽固势力为了打击影剧界进步力量，向重庆实验地方法院控告，说伪造戏票系夏云瑚指示刘荣栋所为。重庆实验地方法院据此于同年7月21日、8月18日、9月3日三次开庭审理此案。夏云瑚在法庭上正气凛然，据理申辩，他说："本人虽然担任国泰、升平、一园三院联营管理处总经理，但是并未经手印制戏票；国泰改用财政局统制戏票，每日均有财政局稽查人员临场抽查，没有发现一张伪戏票，何言归罪于夏云瑚？再说刘荣栋伪造戏票事件暴露后，本人即向法院控告，为何法院不逮捕罪犯归案，反而嫁祸于人？"弄得法官目瞪口呆，后经重庆各界进步人士多方声援，法院迫于舆论压力，宣判夏云瑚无罪。

1944年，法西斯强盗的末日即将来临。日军孤注一掷，大举进犯广西，先头部队已攻占贵州独山，战时首都重庆吃紧。重庆知识青年热血沸腾，纷纷投笔从戎，奔赴前线杀敌。国泰大戏院青年职员陈伯龙写了一份申请书交给夏云瑚，要求离职从军，夏云瑚毅然同意，对他的爱国热情大加赞赏，立即召开隆重的欢送大会，并赠送彩幛一幅，亲笔题词"效忠国族"四字嘉勉，并赠送慰劳金3000元。军队开拔前线那天，夏云瑚率领国泰大戏院全体员工，整队欢送陈伯龙至朝天门江边，沿途锣鼓喧天，鞭炮齐鸣，盛况空前，传为佳话。

艺苑

《离天三尺三》 版画 李毅力(重庆)

《梦底湖烟梦底山》 中国画 张涌（重庆）

《凝室空间》 综合材料 田福新(浙江)

《殇》 雕塑 覃石胜（广西）

《巴山晓雾》 中国画 邓建强(重庆)

《和风自东来》 综合绘画　黄泽浩（广东）

《花卉写生》 中国画 蒋才（重庆）

《黄花秋云暗几重》 油画 刘杰（重庆）

《空山系列之十五》 油画 翁凯旋（重庆）

《老家修了新房子》 中国画 张祖全(重庆)

《老街新花》 中国画 吴融（重庆）

《落幕之一》 油画 连漩（浙江）

《梦入芙蓉浦》 中国画 何健（重庆）

《人民的护身符》 丙烯 张蕾（重庆）

《巫山云雨》 油画 刘昌文(重庆)

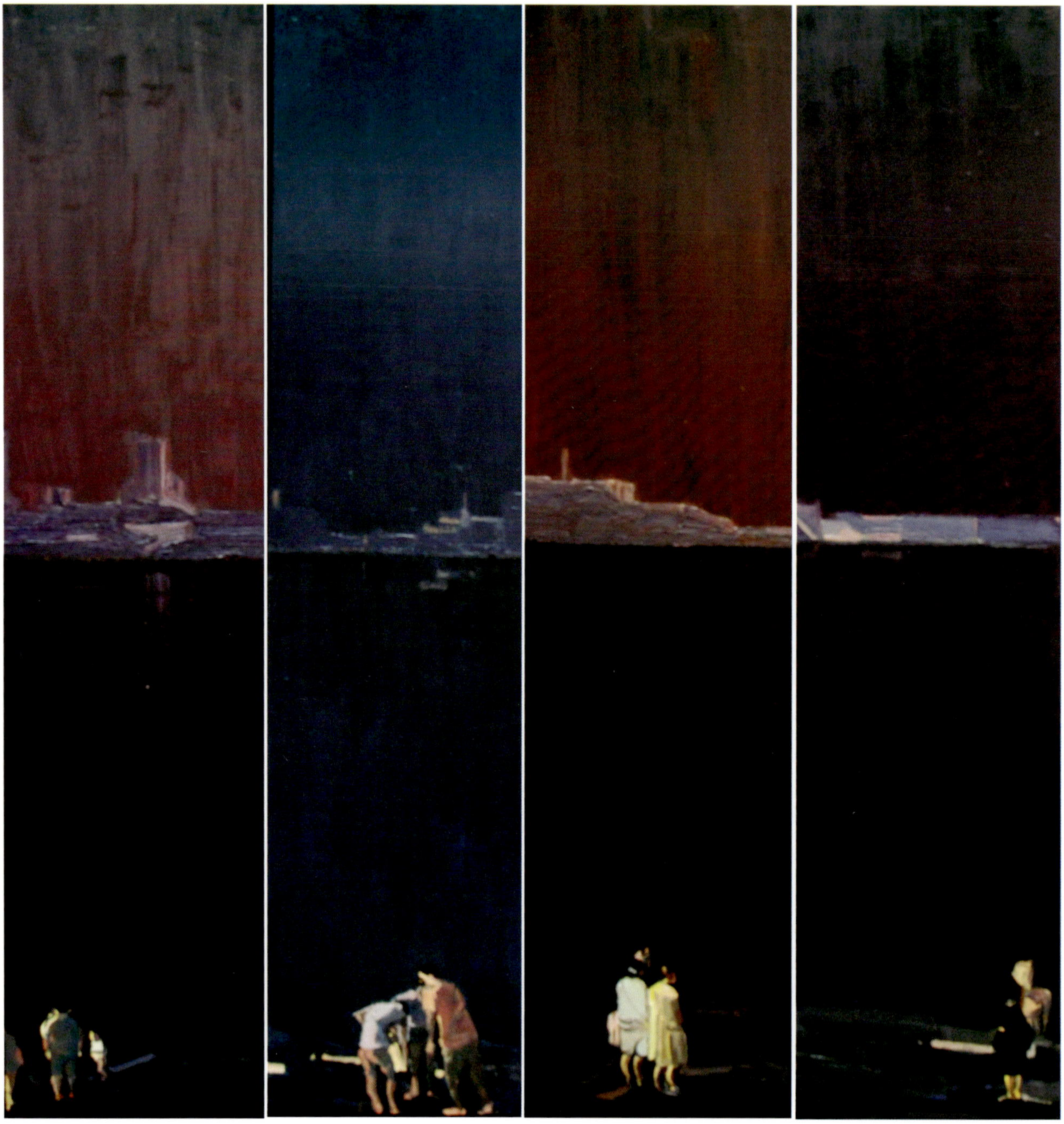

《雨天》 油画 张兵（浙江）

抗战时期江安县和江津县的故事

庞国翔
（重庆市江津区文化和旅游发展委员会）

楔子

经江津区政府教育督导刘世康牵线，初夏，重庆江津区作家协会到四川省宜宾市江安县交流采风。江安、江津都是长江沿岸的城市，但相隔尚远，有近两百里水程，江津在江安下游……其实，江津、江安很有故事。我从事川渝地方党史工作多年，知道抗战时期两地的一些旧事，所以就写出此文。

故事之一：江津“中国书店事件”与江安国立剧专

抗战时期，四川江安县城内有一所很有名的学校叫江安国立戏剧专科学校（以下简称“江安国立剧专”），它被誉为“中国戏剧的摇篮”。虽是在战火纷飞的年代，但它对许多青年学生仍有很强的吸引力。

江津有一个地下党员叫陈建新，他做梦也想考入江安国立剧专。他叛变了党组织，导致了在川东川南地下党组织中影响颇大的“白沙镇中国书店事件”的发生，给地下党组织带来了很大的损失。

陈建新原本是南京的一名青年学生。少年时他的志向就是报考1935年在南京创办的“国立剧专”。抗日战争爆发后日本军队占领了南京，陈建新与无数青年学生一起流落到战时首都重庆近郊江津县。1939年，“国立剧专”随之迁到四川省江安县城，取名为“江安国立剧专”。

陈建新原本在江津县城的被服厂做小工。他爱学习，业余时间温习课本，正因如此，他被地下党被服厂支部发展为党员。因为他有文化，爱学习，党组织就抽调他到江津县白沙镇开设中国书店分店。这里表面上是书店，实际上是地下党的交通站。在白沙镇街上，陈建新常常组织歌咏队，宣传抗日，吸收学生和街道青年参加。同时出壁报、贴标语，推销《新华日报》和进步书刊，他将声势搞得很大。

由于白沙“中国书店”活动稿得太突出、太张扬，严重违反党的地下工作纪律，因此受到江津县委的批评。无孔不入的国民党特务发现了书店的端倪。一个姓张的特务天天到书店阅读进步书刊，流露出对国民党不满的情绪，还表示要去延安。陈建新吸收他参加了歌咏队，答应为他去延安想办法。书店的情况，被特务机关秘密掌握和监视，国民党军警宪兵等待机会，准备利用书店这个缺口，一举破获江津的中共地下党组织。

1939年8月，陈建新考取了国立江安剧专，他欣喜若狂。书店决定在27日为他开欢送会。这天，与书店关系密切的进步青年和读者，欢聚一堂。共产党员刘星、朱芳道和预备党员董新等人参加了聚会。张姓特务以为这次聚会有中共地下党的重要人物出席，遂报告特务机关，他们制订了凌晨逮捕计划。凌晨3时，特务包围了书店后采取了行动。

国民党特务逮捕了陈建新以及参加聚会后住在书店的入党积极分子张自新、夏渝白和蒋萍后，又在旅馆里搜捕了刘星和董新。天亮后特务放出风声，说在白沙中国书店抓捕了一批汉奸，并将书店贴上封条。负责此次行动的宪兵头子牛传钦致信白沙区区长傅先楷称："查白沙镇中国书店出售违禁书刊，破坏抗战，诬陷政府。为巩固国防，保证胜利，极应予以查封。"

陈建新被押解到江津县国民党宪兵营。其他被逮捕的人员因查不出"破绽"后被释放。陈建新被关押了三天，特务对他进行了严刑拷打，叫他交代出他的组织和上组，但他没有开口，他几乎昏了过去。特务见硬的不行，就来软的。第四天又提审他。牛传钦提审时说："小伙子，苦海无边，回头是岸。你考上江安剧专多么不容易。这是一所多好的戏剧艺术学校呀。只要你说出了你的组织，我们立即租轿送你到江安上剧专。我可立字为据……"牛传钦拿出送陈建新到江安上剧专的"承诺书"。陈建新经不住这样的诱惑，为了实现他上江安国立剧专的"美梦"，他开口说出了江津被服厂党总支及其江津县委主要负责人名单。

叛徒陈建新一离开江津，还未赶到江安县，江津地下党被服厂总支书记岳建和县委书记王世焕相继被捕。江津地下党组织遭受到了严重的破坏，白沙和江津城关两地的地下党员多人被捕，县委和各支部几乎瘫痪。这是江津地下党自1926年成立后遭受的第四次较大的破坏，在川渝地方党史上被称为"中国书店事件"。

红岩村八路军重庆办事处立即通知川东地区各级党组织暂停与江津地方党组织的联系，通知没有被捕的党员立即停止活动并向外撤离疏散。

故事之二："江安国立剧专"与江津"民众剧社"

1939年4月至1945年6月，国立剧专在江安办学六年，培养了一大批优秀的戏剧人才。这是一所进步的学校，学生运动此起彼伏，学校的秘密地下党组织非常活跃。受这所学校的影响，江安县城群众的爱国热潮高涨，这引起了国民党军警宪特的恐惧，他们对此进行了残酷镇压，整个学校和江安县城笼罩在白色恐怖之中。一些剧专的学生在此待不下去了，打算离开学校，到一个能更好地宣传抗战和开展抗日救国运动的地方去。

他们准备到什么地方去呢?

剧专有个学生叫周德华,江津县李市坝人,是个学生领袖。他上了江安县特务机关的"黑名单"。他与另外一个仍在此读书的江津同学夏渝北商议后,就邀约另外几个剧专的同学陈思、曾强、王杰等商议去江津,他们认为江津是重庆近郊县,水陆交通方便,迁来的大中学校较多,还有武昌艺专等这样的艺术类大学,便于开展抗日救国宣传运动。

周德华等人鼓足勇气,离开了位于江安县城的剧专,乘下水船走了两天两夜到了江津。他们是学戏剧的,在江津县城稍做修整就开始活动起来。他们想在江津成立一个青年戏剧团体,目的一是宣传抗日救国,二是实习自己的专业,三可补贴生活费用。周德华和夏渝北是江津人,熟悉情况。周的家族势力大、人脉好,他们就邀请到流寓到江津的另外几个戏剧爱好者如刘沧浪等加入这个团体。经周德华反复劝说,江津银行界涂克应等人还对此进行了赞助。大家给剧团取了一个响亮的名字——"烽火剧社",其寓意是抗日烽火遍地燃烧。

"烽火剧社"刚成立,江津职业中学一个叫朱近之的老师就暗中找到周德华,原来他是一名地下党员,他的女儿也是地下党员,他很关心剧社,对剧社提出了许多建议和意见,并进行精神鼓励。但他从来不参加公开活动。剧社遇到什么困难,总爱请教他,他暗中出主意。

1942年初,以江安国立剧专学生为主体的"烽火剧社"开始正式在江津排演。首场演出是在江津县城的一所学校,剧目是老舍的名剧《国家至上》,演出结束引起江津全城轰动。

"烽火剧社"前几场演出就引起了国民党特务的注意。刁之鲜是地下党叛徒,他叛变后当上了国民党江津县党部宣传总干事,又任江津民众教育馆馆长。他气势汹汹地来到剧社说:"名叫'烽火剧社'就是通共——不准搞了。你们要搞就由我来领导,改名'民众剧社',否则全部拉去关进宪兵队……"

大伙都蒙了。原来江津和江安一样,都受到国民党军警宪特把持。周德华找到朱近之,请他出主意。朱近之说:"刁之鲜是个叛徒,他现在很得势,我们不能与他们硬斗,名可改名,但在暗中要与他做斗争……"

于是大家统一了意见,将剧社改名为"民众剧社"。刁之鲜是个马大哈,不常来剧社,大家排演了许多抗战救国的进步戏剧,暗中进行共产主义思想宣传,揭露国民党政府的腐败。虽然很辛苦,但都感到很充实。只要刁之鲜来到剧社,大家又装着别无他事的样子。

江津有个地下党员叫张西洛,以主办《江津日报》和开办"大公书店"为掩护从事地下革命工作。周德华等这些江安国立剧专的学生常去他处交流。张西洛非常关心"剧社",他约剧社的人员在报纸上出了一期文艺副刊,文章全由剧社的人编写,但用笔名,内容全是骂国民党的。报纸很快发到广大读者手中,大家读了都有痛快淋漓的感觉。这事居然没有被国民党江津县党部宣传总干事刁之鲜发觉。后来因张西洛身份暴露,党组织安排他离开江津,他走后"剧社"的人都很失落。他到重庆《新民报》当记者,不久去延安采访毛泽东。《毛泽东选集》中的一篇叫《和中央社、扫荡报、新民报三记者的谈话》的文章,就是指的这次采访。

“剧社”还排演了法国名剧《祖国》，这出剧宣传爱国主义，剧中有大骂特务、叛徒等情节，演出非常的成功。刁之鲜这个甩手掌柜，有时还不知道剧目的内容，加上大家都瞒着他，他在场时大家都不说什么，走后大家又积极活动。

赵国相是一位职业革命家，在成都从事地下革命活动，因暴露，被敌人追捕。他由成都躲避到江安国立剧专隐藏，但江安也被严重的白色恐怖笼罩，成都的特务又追到江安。江安国立剧专的老师肖锡荃（新中国成立后曾任四川人民艺术剧院副院长）写了一封信，叫他到江津县找周德华等同学，赵国相来到江津后，很快就与大家融为一体。他很有斗争经验，秘密指挥大家如何和敌人做斗争。

“剧社”在江津影响越来越大，成为江津城乡妇孺皆知的宣传抗日的演出队伍。此时江津的白色恐怖也越来越严重，国民党军警宪特总怀疑“剧社”是红色的，认为里面有共产党。于是派出宪兵全副武装，天天到“剧社”住宿地和排练场巡查，对演员进行监视。国民党县党部还派出一个官员到剧社召开演职员大会，清查大家的来路，叫大家写自传，找大家谈心，谈经历，谈演戏的目的等。在朱近之、赵国相等党员的策划下，大家回答得非常巧妙，都说我们是江安国立剧专的学生嘛，就是搞戏剧演出的，就是为了宣传抗日救国等。国民党特务只好悻悻而去。

不甘心的敌人使出最毒的一招：国民党军统局重庆站江津稽查处派出一个科长，以演员的身份进入“剧社”，这科长叫何名苦，自称是云南师范学院学艺术的。他天天来与大家一起排练，实际上是对大家进行监督。

江津的白色恐怖越来越严重，加上敌人已打入“剧社”，一切活动都在特务的监视之下，几名党员与周德华等一商议，决定撤离江津。由于国民党军警宪特对“剧社”盯得很紧，因此撤离的办法是暗中分期分批进行。不到10天时间，十多位“剧社”的成员全部安全撤离江津，他们有的回到了江安国立剧专，有的到了泸州，也有的到了重庆。历时近一年的“剧社”画上了句号。

新中国成立后，叛徒刁之鲜被镇压。这些当年来江津的江安国立剧专学生，大多成为知名人士。曾强成为著名的剧作家，曾在湖北电视台等工作。王杰曾任北京《电影艺术》副主编。周德华参加抗美援朝，牺牲在抗美援朝的战场上，成为革命烈士……

在新加坡烫重庆火锅

秦勇
（中共重庆市忠县县委宣传部）

飞机从香港起飞，到达新加坡樟宜国际机场接近十一点钟，欣然走下飞机，呼吸一口异国他乡的空气，抬头仰望天空，瓦蓝的天，湛青如洗。

热带雨林的清风，倏地扫去旅途的疲倦，兴奋地踏上前来接机的大巴，便朝传说中的“花园城市”逶迤而入。

车窗之外，是满眼的绿意，满窗明媚的阳光。

觉着车窗的玻璃似乎也是绿的，汽车好似那风中飘逸的闪着阳光的树叶，在绿色的森林里蜿蜒流动，极目之处，高大的乔木，低矮的灌木，一排排巨大的宽伞榕树参天而立，虬枝茂叶，恣意伸展，云盖般的树冠绿荫下，花木葱茏，绿草茵茵，绿化带没有刻意修剪，花草也无固定的形状，自动的喷水龙头正喷着水花，水雾蒙蒙。

大巴在宽阔的柏油路上行驶，路边繁花似锦，鳞次栉比的高楼掩映于绿荫中，阳光从棕榈树叶间透出，闪动一圈一圈明媚的光晕，一团黄绿，一簇青绿，一点亮光，树影婆娑，斑驳陆离，鸟儿在树梢间跳动，或扑啦啦地飞，或脆滴滴地唱歌。

导游讲，这里的每棵树都安装有身份追踪器，园林管理部门能时刻掌握树的生长状态，像孩子一样呵护，如同他们给每个居民建立个人健康档案一样，让每一棵生长在新加坡的树，也感受到幸福。

新加坡的绿化是三维的，立体的，好似在一座森林城市里穿行，没有国内大都市的喧哗和拥挤，一种恬淡的惬意流过身体。

傍晚，行走在新加坡海岸，海风吹来，咸咸的，润润的。一抬头，看见一座巨大的建筑物横卧海边，恰似一颗硕大的榴梿，原来是新加坡滨海艺术中心，听说可与悉尼歌剧院媲美，夕阳下，榴梿形剧院的外壳闪烁着变幻的光影，与海上泛起的晚霞一起波光浮动。

穿过一片绿荫来到海岸边，只见一尊高大的汉白玉雕塑矗立眼前，高昂的狮头，卷起尾巴的鱼身，蓝色的海浪纹底座，一股清泉从狮口里喷涌而出，飞溅大海，哗哗的水声像音乐流淌，这是高雅而又生动、真实而又神奇的鱼尾狮雕塑。

这鱼尾狮是有故事的，狮头代表新加坡，鱼尾喻指新加坡起源一个小渔村。为何狮头代表新加坡呢？传说700多年前，苏门答腊王子来到这里，邂逅一头凝望大海的狮子，王子将这原本叫作“淡马锡”的小岛命名为“Singapura”。也许是靠了狮子的勇气和力量，鱼的智慧与优雅，一群漂洋过海的人，离不开这样的灵魂支柱。

夜色中，来此散步的游客络绎不绝。鱼尾狮狮口喷出的水花，宛如一席月光洒落空中，对岸金沙酒店流泻着一点一点星光，好似一座浪漫的星洲。

次日，我们登上新加坡的花芭山，观景台上也塑着一尊鱼尾狮，鸟瞰整座城市，远处是茫茫的蓝色大海，隐没着大大小小的岛屿，邮轮、集装箱海船泊于繁忙的海港，高大的新加坡摩天轮矗立在海边，星罗棋布的标志性建筑高低参差，造型优美，好似在森林里呼吸生长。

从花芭山乘缆车，来到四面环海的圣陶沙岛，随风婆娑的椰树，朴素稀落的茅草亭，或慵懒地躺在细腻而温柔的沙滩上，任习习海风轻抚脸庞；或在树荫下的休闲桌旁，品味一本时尚杂志；或赤脚在海边散步，看那海面卷起的雪白浪花，看那身后留下的一串串深深浅浅的脚印，碧海，蓝天，沙滩，海鸥，如诗如画的美景，好似一场梦境。

来到牛车水唐人街——华人们的聚居地，它既是一条购物街，也是一条美食街，旧式的药店、庙宇，陈旧古朴的木格子窗户，琳琅满目的街头摊档、特色餐厅，处处闪动着中国文化的影子。

行走在街上，突然发现一处餐厅叫“重庆火锅”，于是齐奔入内，点上一桌海鲜火锅，端上一箱重庆啤酒，真是麻辣鲜香，大快朵颐，感受了一番不一样的重庆味道。有道是“有朋自远方来，不亦乐乎”，原来店老板是重庆人，看到一群家乡人高兴得不得了，热情地张罗，敬酒，加微信，结账时打了贵宾折，将我们送出门外，用一口正宗的重庆话道别：“下回又来哈！”

走进乌节路，它像重庆的解放碑，或是上海的南京路，丛林般的商场超市，精致的奢侈名店，来去的人影，大凡是白领和绅士，穿着时尚而又简约，散发出东方之国的人文内涵和传统情调。夜深了，在宾馆的窗台前打量这座即将离开的城市，火锅的余香，满天的繁星，璀璨的灯火，柔媚的夜色像胡姬花一般妩媚。

曾经的小渔村，是怎样实现了如此华丽的转身？记得在苏州市农村干部学院学习时，学院带我们到苏州新加坡工业园参观，也曾是个渔村的金鸡湖，借鉴了新加坡的城市建设理念，而今已是一个时尚、繁华、精致的现代化都市，那“湖滨大道”“水巷邻里”“玲珑湾”……俨然一处人间天堂。

夜已深，牛车水的夜市依然灯火阑珊，满是海鲜烧烤、羊肉串、肉骨茶、龙虾、沙嗲等特色风味小吃，人来人往，香气四溢，让人好似徜徉在重庆的夜市。

重庆与新加坡，虽是远隔千里，但亦是“千里共婵娟”的文化之城，是共建“一带一路”合作的智慧之城，中新（重庆）战略性互联互通示范项目正在重庆落地生根、开花结果，全面开启“第二个五年”的互联互通、共建共享。

前不久“中新互联互通项目·砂之船国际生活艺术节”在重庆开幕，助力“渝新欧”高质量发展，创造高品质生活。是日，“砂之船”的商业和文化活动门庭若市，人潮攒动，人气火爆，可谓沸腾达旦，像极了重庆火锅。

地址：重庆市渝中区枇杷山正街93号

邮编：400013

编辑部电话：(023)63880156　63880157

电子邮箱：cqwhysyj@126.com

微信公众号：cqwhysyjy

网站：www.cqwhysyj.cn

重庆文化艺术研究QQ群号：294222082